郑振铎自述

郑振铎　著

泰山出版社·济南·

图书在版编目（CIP）数据

郑振铎自述 / 郑振铎著. -- 济南：泰山出版社，2022.12

ISBN 978-7-5519-0723-1

Ⅰ. ①郑…　Ⅱ. ①郑…　Ⅲ. ①郑振铎（1898—1958）—自传　Ⅳ. ① K825.6

中国版本图书馆CIP数据核字（2022）第167693号

ZHENGZHENDUO ZISHU
郑振铎自述

责任编辑　徐甲第
装帧设计　路渊源

出版发行　泰山出版社
社　　址　济南市泺源大街2号　邮编　250014
电　　话　综　合　部（0531）82023579　82022566
出版业务部（0531）82025510　82020455
网　　址　www.tscbs.com
电子信箱　tscbs@sohu.com
印　　刷　山东新华印务有限公司
成品尺寸　150 mm × 230 mm　16开
印　　张　10.75
字　　数　135千字
版　　次　2022年12月第1版
印　　次　2022年12月第1次印刷
标准书号　ISBN 978-7-5519-0723-1
定　　价　39.00元

凡　例

一、本书收录了作者的相关经典文章或片段，主要展现了作者的学术历程或情感操守等。

二、将所选文章改为简体横排，以适应当代的阅读习惯。所选文章尽量依照原作，以保持文章的时代原貌，有些地方参照当下最新的整理成果进行了适当修改。

三、所选文章没有标题或者标题重复的，编辑时另行拟加或改拟。个别文章为相近内容之汇辑，另拟新题。

四、对有些当时使用的文字，如“的”“地”“得”“化钱”“记帐”等，均一仍其旧。

目录

最后一次讲话①

今天是个难得和大家思想见面的好机会。在这里的王伯祥、俞平伯、潘家洵都是我四十年的老朋友。这次整风，有机会检查自己的缺点，对自己和别人都有好处。参加土改、“三反”、“五反”几次大的运动都和我们关系不大。这次检查比以前泛泛而谈好些。很多人觉得压力很大，这是有人类以来的最大的改变，在这基础上了解自己的过去比较清楚一些。

学术文化有时走在时代前面。中国新文化运动从“五四”开始就走在前面。左翼文化运动也如此。现在还应如此。学术研究应该接受大的时代潮流的影响，走在时代的前面。我自己思想感情就应该是共产主义的。我的立场基本上改变是不会成问题的。

今天主要谈过去的著作。我不能解释为那是二三十年前写的东西来原谅自己。过去总觉得自己很进步，这种包袱反而阻碍自己不断进步。

我是生长在浙江温州的福建人。祖父在那里做小官吏。家庭中没有固定的房地财产。有钱时很阔气，没钱时靠借钱度日。

---

① 此稿是作者于1958年10月8日在中国社会科学院文学研究所的一次“学术批判会”上的发言的摘录。标题是编者所加。

祖父死后家庭生活很困苦。叔叔在外交部做个小军官，全家靠他寄钱回家维持生活。母亲在端午节时还做些玩具出卖。我在北京念书时，住在叔叔家很清苦，每天中午饭不过吃十分钱。当时上的是北京铁路管理学校，培养成为全能的铁路工人；曾做过一个时期的练习生，因电报打不好就不做了。一九一九年时我兴趣是多方面的，就和瞿秋白、耿济之等在一起，想出版一个青年读物《新社会》，爱写什么就写什么。当时根本没想到什么稿费的问题。经费是靠一个美国的广告。“五四”时期出版的很多刊物都是如此。利是不考虑的，也无名可言，是用的笔名，当时风气很好。我负责《新社会》的校对。这个刊物巴金家还存有一份。那时张作霖在北京，他的门口架着机关枪，走过门口阴森森地挺可怕。后来因刊名叫“社会”，又加个“新”字，有社会主义倾向，就被封了。经理被捕，放出来后还出了一期《人道》（月刊）。上面登过《国际歌》，瞿秋白译意我写歌词。

五四运动前一天，五月三日开会；我们因是在小学校，没能参加。我家住在赵家楼附近，火烧赵家楼时我去看了，抓去很多学生。第二天开学生联席会，我也参加了。几千个学生被关在天安门中的两个门洞之间。我们就打算送吃的、送铺盖去。学校提前放暑假，免票送学生回家。而放假后全国的学校都动起来了。当时学生开会多在汇文中学。参加李大钊同志领导的“少年中国学会”，开会前，李大钊同志总在周围走一圈，参加的人各种派别的都有。那时北京学生很大部分受无政府主义思想影响，崇拜“三不主义”（不做官、不坐车、不娶妾），对军阀十分痛恨。这种观点的人现在还有不少，施复亮当时也是如此。因我没参加马克思主义小组，思想上仅有朦胧的社会主义思想。

北京铁路管理学校毕业后，分配在上海南站做铁路上的练习生，住在一个花园里，叫我挂钩。不想干。正好沈雁冰在商务印书馆做《小说月报》的编辑。因我爱好文学，他约我编小学教科书，把文言改为白话。我没答应，就编儿童读物《儿童世界》（周刊）。稿子几乎是我一个人写的，画配得很好，是许敦谷画的。

我们对《礼拜六》骂得很凶，他们也骂茅盾“老板”。一九二三年就把我调去主编《小说月报》。这时正是大革命到来的前夕。一九二五年五卅运动我没去，晚上去街上看，地上都是血，墙上的枪洞还是热的。对这样重大的政治运动，第二天所有上海报纸只有一条小消息。于是“上海学术团体对外联合会”决定主办《公理日报》，报头字是叶圣陶写的，标题是我写的，钱是捐来的。《公理日报》于六月三日出版，出了不到一个月，就被反动当局无理查禁了。王伯祥那时都去送报，影响很大。我们把稿子放在洋车的垫子下，有的军队来了很客气，问我们要不要帮助？要多少钱？我们不要他们帮助。《公理日报》的停刊宣言是我写的，非常愤慨，后来把激烈的字都删掉了。

北伐时，工人运动十分激烈，由邮政局、商务、电力公司三个工会带头组织起来。商务印书馆三个工会；我参加编辑所工会。北伐军快到上海时，我们就把鞭炮放在洋油筒中放，用槌子打铁当炮响。北伐军来时我们兴奋得不得了，去慰问时就像一家人一样。去过几次。后来白崇禧的部队也来了，开始清党。我是闸北工会代表。我接到通知很多人被杀。我拿到一点版税作路费，一九二七年五月到欧洲去了。在法国巴黎住了半年，英国住了一年。在法国图书馆看中国书，在英国伦敦博物馆看变文。这期间受了很多气；没有受外国生活方式的影响。我写了很多游记，可以看出我的思想。我没有考博士的思想。当时平伯也在那儿。后来又到意大利去了一下，回法国后归国。再编《小说月报》时王云五订了很多规章。工会提出打倒王云五，没打倒他。他不走，我们就走！圣陶走了，我也离开了。我们对资本家是非常痛恨的，这是有朦胧的社会主义思想的缘故。

北京的中学那时都是老夫子教的，很少人教新文学。到处叫我去讲新文学。北京大学、清华大学找我教中国文学史、文学批评。当时新月派有个组织，胡适、徐志摩都在里面。他们每天闲谈。我们就反对他们。创办《文学季刊》和“左联”有些联系。当时和姚蓬子联系，发现他是个大坏蛋。

我在燕京大学代表进步的一派。校领导就很恨我。司徒雷登是个老狐狸。他唆使一批教员和学生一齐排挤我。我提出辞职，有些学生很同情我。我离开燕京后，吴晓铃也走了。思想上这时也起了一些变动，想应该走另一条路。我对国民党那种残酷镇压很痛恨，后来从北京又到上海。

最可怕的是在暨南大学教书，当时该校CC派和军统斗争很尖锐。呆了好几年。这几年凡是有标语出来，都说是我贴的。每次纪念周，想不参加都不行。说到蒋介石，大家都得站起来，我却一个人坐在那里。学生都拿手枪，被开除的很多。党的工作做得很好。太平洋事件日本兵进上海，我还在给学生上课。后来全校决定停课。

抗战期间，生活很艰苦。生活来源没有了。当时在上海的人很多，圣陶到四川去了，日本人来的第二天许广平就被捕了。她上、中、下三层都有联系。放出来时，她头发全白了，路也走不动了。日本人对她用了很多次电刑，她一句话也没说出，保存了很多同志，柯灵被打得一塌糊涂，陆蠡被抓后不见了。那时王伯祥生活比较正常，但我们对他有意见。那时我假装成文具商人。因上海有被轰炸的可能，党派人来找我。上海有社会科学讲习所，我在那里教过书。开明书店也关了，我没地方去，就到旧书铺去看书。日本人在旧书铺找我时，却没找到。日本人问起我时，他们说我已好久没去看书了。其实当时我正在那看书。

日本投降后，控制得更严了。我在南京中央图书馆作编辑，在上海拿钱，就靠出书维持生活，印珂罗版的书，和李健吾一起编《文艺复兴》。到一九四九年时，形势已经很紧迫，预感到非逃不可了，才逃到香港。本来和曹禺一块走，后来陈白尘帮助我到香港；又由烟台到北京。

我的生活很简单，由编辑到教书；偶尔参加一些运动，也不深入。我和党有联系，党处处照顾我。离开上海时，党还问我要不要钱。我思想上应该很进步，但从著作中可以看出马克思列宁主义很少。自己还背着一个进步的包袱，其实和出生入死的同志们是不能比的。不应该有这个进步的包袱。《中国俗文学史》还自认为是有些进步思想的；但著作中从头到尾看不出有马列主义的影响。

我研究文学是半路出家，没有系统的研究。过去还有一个时期写的多是为了生活，有时一天要写八千字，著作不成熟。我虽从不以学者自居，但不能以此减轻责任，我的著作还是有一定影响的。

《插图本中国文学史》解放后虽然踌躇了一下，还是出了。从中可以看出是半封建半殖民地的知识分子的著作。在我的著作中充满了封建的资产阶级的思想和治学方法。其中一些随感式的诗话、词话式的东西是封建文人的观点、方法；还有一些和封建士大夫不同的东西，这是资产阶级的进化论和庸俗社会学的观点，这些东西有五个特点：

（一）有不少封建文人的文学批评观点。有时赞扬一些落后的东西；当然，其中也有一些好的东西。例如，对陶渊明和谢灵运的比较，扬陶抑谢，这是比较好的。但对"僮约"的肯定，则是没有阶级观点的看法，是不好的。

（二）我那时所介绍的"新观点"，实际上是资产阶级的观点，是违反马克思主义的。那就是泰纳的英国文学史的观点，强调时代影响。此外还有庸俗进化论的观点，受英国人莫尔干（Morgan)[①]的"文学进化论"的影响。还受安德路·莱恩（Andrew Lang）的民俗学的影响，认为许多故事是在各国共同的基础上产生的（资产阶级民俗学者分为两派，一派是德国人麦克斯·皮尔（Max Beer），主张各种民间故事都是一个发源地传出来的。一派是英国人安德路·莱恩，主张人类都有共同的环境，因此会产生同类型的故事）还有弗来塞（Frozer)"金枝"（The Golden Boagh)也影响我。日本的厨川白村也曾经对我有影响。在

① 应为莫尔顿（Moulto，1849–1924）美国作家。

写诗方面，我也受日本小诗的影响，我还接受了印度泰戈尔的形式。我受过各种派别的影响。

（三）强调外国文学对中国文学的影响，把很多东西都看作外国来的。例如：我认为送子观音是受圣母像的影响；说释迦牟尼的脸是希腊人的脸，还认为唱戏的人在舞台上穿的厚底靴和戴的面具也是希腊悲剧的影响。我特别强调印度的影响，说变文是一切近代文学的祖先。把有唱有说的认为都是变文的影响。例如：在《大唐三藏取经诗话》中孙悟空也会作诗，我说这也是变文的影响。当然，各国文学都受国外文学的影响，这一点是不能否认的。例如六朝有些诗，连话都是外国来的（梁武帝、沈约就受佛教的影响），而像我那样强调是不对的。说近代民间文学都是印度影响是不正确的。我在布拉格讲学时，还未改变，到苏联讲学时就不那么讲了。我找到了一些材料，证明在变文同时，也已有说故事的人了，最有名的是李义山的诗讲到张飞、邓艾的三国故事。我还找到一些材料，说明唐朝已有人讲韩信的故事；可见唐代已有人说书。变文可能倒是受寺院以外的影响。在印度，对印度戏剧有两种看法：一种认为印度戏剧是本土产生的；一派认为是希腊来的。我当时认为印度受希腊影响，中国受印度影响，结果还是中国受希腊影响。这是不对的。我过分强调了印度影响，甚至把说书的信木也说成是印度的东西。

（四）喜欢用比较研究的方法，这是受安德路·莱恩的影响，说这一故事是辛特利亚型（Cinderlla)，那一故事是鹅女郎型。自以为是一种新方法。这里要说明一点：这方法是不好，但归纳为类型，倒不是说是外国来的。

（五）还有一点是立场没站稳，不是用马列主义去看人民的过去，把劳动人民的作品和皇帝的作品混在一起谈，没有分清。这主要表现在对待六朝的诗歌论述中。在《中国俗文学史》里也有这错误。对杜善夫的“庄稼人不识勾栏”这一侮辱劳动人民的作品，也加以赞扬。有为材料而材料的研究方法。

我本来觉得这些著作是二三十年以前写的东西，现在会有进步。我查了一下解放后我写的东西，对《插图本中国文学史》和《中国俗文学史》的重印，却没有加上新的序言，在少数地方改了一下。如去掉了一些引用胡适的话（当时编辑部也提出了意见）。我不能对以前写的东西不负责任。没有充分用马列主义方法。我在说明元代戏曲发展的原因时，原来臧晋叔有一个看法是元代以曲取士，我反对这论点。我从元代经济发达，农民生活改善来解释，说农民可以出钱看戏。我认为蒙古人进中国后，保留了能书会画有劳动技术的人，原来的统治者被打倒了，交通发达，商业繁荣。但我忽视了元代统治者不久就和原来的统治者地主是勾结的，例如赵子昂等人，都是地主。我没有看到地主统治仍然存在，把政治和经济分开了。在关汉卿研究的文章中就是如此。

解放后我比较满意的一篇文章是《清明上河图》研究，有新观点，谈到了《清明上河图》反映的阶级矛盾。现在看来，其中也有教条主义的毛病。解放后我的文章大多是考古和美术方面的。

我编的《古本戏曲丛刊》中，有一些是不好的东西，没有加以说明，这是不好的。这也说明解放虽然已经九年，我进步却很少。（下略）

访笺杂记

我搜求明代雕版画已十余年。初仅留意小说戏曲的插图，后更推及于画谱及他书之有插图者，所得未及百种。前年冬，因偶然的机缘，一时获得宋元及明初刊印的出相佛道经二百余种。于是宋元以来的版画史，粗可踪迹。间亦以余力，旁鹜清代木刻画籍。然不甚重视之，像《万寿盛典图》，《避暑山庄图》，《泛槎图》，《百美新咏》一类的书，虽亦精工，然颇嫌其匠气过重。至于流行的笺纸，则初未加以注意。为的是十年来，久和毛笔绝缘。虽未尝不欣赏《十竹斋笺谱》，《萝轩变古笺谱》，却视之无殊于诸画谱。

约在六年前，偶于上海有正书局得诗笺数十幅，颇为之心动；想不到今日的刻工，尚能有那样精丽细腻的成绩。仿佛记得那时所得的笺画，刻的是罗雨峰的小幅山水，和若干从十竹斋画谱描摹下来的折枝花卉和蔬果。这些笺纸，终于舍不得用，都分赠给友人们，当作案头清供了。

这也许便是访笺的一个开始。然上海的忙碌生活，压得我透不过气来，哪里会有什么闲情逸趣，来搜集什么。

二十年（1931年）九月，我到北平教书。琉璃厂的书店，断不了我的足迹。有一天，偶过清秘阁，选购得笺纸若干种，颇高兴。觉得较在上海所得的，刻工，色彩都高明得多了。仍只是作为礼物送人。

引起我对于诗笺发生更大的兴趣的是鲁迅先生。我们对于木刻画有同嗜。但鲁迅先生所搜求的范围却比我广泛得多了，他尝斥资重印《士敏土》之图数百部——后来这部书竟鼓动了中国现代木刻画的创作的风气。他很早的便在搜访笺纸，而尤注意于北平所刻的。今年春天，我们在上海见到了，他以为北平的笺纸是值得搜访而成为专书的，再过几时，这工作恐怕要不易进行。我答应一到北平，立刻便开始工作。预定只印五十部，分赠友人们。

我回平后，便设法进行刷印笺谱的工作。第一着还是先到清秘阁。在那里又购得好些笺样。和他们谈起刷印笺谱之事时，掌柜的却斩钉截铁的回绝了，说是五十部绝对不能开印。他们有种种理由：板片太多，拼合不易，刷印时调色过难；印数少，板刚拼好，调色尚未顺手，便已竣工，损失未免过甚。他们自己每次开印都是五千一万的。

“那末印一百部呢？”我道。

他们答道：“且等印的时候再商量罢。”

这场交涉虽是没有什么结果，但看他们口气很松动，我想，印一百部也许不成问题。正要再向别的南纸店进行，而热河的战事开始了，接着发生喜峰口，冷口，古北口的争夺战。沿长城线上的炮声，炸弹声，震撼得这古城里的人民们寝食不安，坐立不宁。那里还有心绪来继续这“可怜无补费精神”的事呢？一搁置便是一年。

九月初，战事告一段落，我又回到上海，和鲁迅先生相见时，带着说不出的凄惋的感情，我们又提到印这笺谱的事。这场可怖可耻的大战，刺激我们有立刻进行这工作的必要。也许将来便不再有机会给我们或他人做这工作的！？

“便印一百部，总不会没人要的。”鲁迅先生道。

“回去便进行。”我道。

工作便又开始进行。第一步自然是搜访笺样，清秘阁不必再去。由清秘阁向西走，路北第一家是淳菁阁。在那里，很惊奇的发见了许多清隽绝伦的诗笺，特别是陈师曾氏所作的；虽仅寥寥数笔，而笔触却是那样的潇洒不俗。转以十竹斋，萝轩诸笺为烦琐，为做作。像这样的一片园地，前人尚未之涉及呢。我舍不得放弃了一幅。吴待秋、金拱北诸氏所作和姚茫父氏的《唐画壁砖笺》，《西域古迹笺》等，也都使我喜欢，流连到三小时以上。天色渐渐的黑暗下来，朦朦胧胧的有些辨色不清。黄豆似的灯火，远远近近的次第放射出光芒来。我不能不走，那么一大包笺纸，狼狈不堪的从琉璃厂抱到南池子，又抱到了家。心里是装载着过分的喜悦与满意，那一个黄昏便消磨在这些诗笺的整理与欣赏上。

过了五六天，又进城到琉璃厂去——自然还是为了访笺。由淳菁阁再往西走，第一家是松华斋；松华斋的对门，在路南的，是松古斋。由松华斋再往西，在路北的，是懿文斋。再西，便是厂西门，没有别的南纸店了。

先进松华斋，在他们的笺样簿里，又见到陈师曾所作的八幅花果笺。说他们“清秀”是不够的；“神来之笔”的话也有些空洞。只是赞赏，无心批判。陈半丁，齐白石二氏所作，其笔触和色调，和师曾有些同流，惟较为繁缛燠煖。他们的大胆的涂抹，颇足以代表中国现代文人画的倾向；自吴昌硕以下，无不是这样的粗枝大叶的不屑屑于形似的。我很满意的得到不少的收获。

带着未消逝的快慰，过街而到松古斋。古旧的门面，老店的规模，却不料售的倒是洋式笺。所谓洋式笺，便是把中国纸染了矾水，可以用钢笔写；而笺上所绘的大都是迎亲，抬轿，舞灯，拉车一类的本地风光；笔法粗劣，且惯喜以浓红大绿涂抹之。其少数，还保存着旧式的图版画。然以柔和的线条，温茜的色调，刷印在又涩又糙的矾水拖过的人造纸面上，却格外的显得不调和。那一片一块的浮出的彩光，大损中国画的秀丽的情绪。

我的高兴的心绪为之冰结，随意的问道：“都是这一类的么？”

“印了旧样的销不出去，所以这几年来，都印的是这一类的。”

我不能再说什么，只拣选了比较还保有旧观的三盒诗笺而出。

懿文斋没有什么新式样的画笺，所有的都是光，宣时代所流行的李伯霖，刘锡玲，戴伯和，李毓如诸人之作；只是谐俗的应市的通用笺而已。故所画不离吉祥，喜庆之景物，以至通俗的着色花鸟的一类东西。但我仍选购了不少。

第三次到琉璃厂，已是九月底；那一天狂飙怒号，飞沙蔽天；天色是那样惨淡可怜，顶头的风和尘吹得人连呼吸都透不过来。一阵的飞沙，扑脸而来，赶紧闭了眼，已被细尘潜入，眯着眼，急速的睁不开来看见什么。本想退回去，为了像这样闲空的时间不可多得，便只得冒风而进了城。这一次是由清秘阁向东走，偏东路北，是荣宝斋，一家不失先正典型的最大的笺肆。仿古和新笺，他们都刻得不少。我们在那里，见到林琴南的山水笺，齐白石的花果笺，吴待秋的梅花笺。以及齐，王诸人合作的壬申笺，癸酉笺等等，刻工较清秘为精。仿成亲王的拱花笺，尤为诸肆所见这一类笺的白眉。

半个下午便完全耗在荣宝斋，外面仍是卷尘撼窗的狂风，但我一点都没有想到将怎样艰苦的冒了顶头风而归去。和他们谈到印行笺谱的事，他们也有难色，觉得连印一百部都不易动工。但仍是那么游移其词的回答道："等到要印的时候再商量罢。"

我开始感到刷印笺谱的事，不像预想那么顺利无阻。

归来的时候，已是风平尘静。地上薄薄的敷上了一层黄色的细泥，破纸枯枝，随地乱掷，显示着风力的破坏的成绩。

从荣宝斋东行，过厂甸的十字路口，便是海王村。过海王村东行，路北，有静文斋，也是很大的一家笺肆。当我一天走进静文的时候，已在午后。太阳光淡淡的射在罩了蓝布套的桌上。我带着怡悦的心情在翻笺样簿，很高兴的发现了齐白石的人物笺四幅，说是仿八大山人的，神情色调都臻上乘。吴待秋、汤定之等二十家合作的梅花笺也富于繁赜的趣味。清道人，姚茫父，王梦白诸人的罗汉笺，古佛笺等，都还不坏，古色斑斓的彝器笺，也静雅足备一格。又是到上灯时候才归去。

静文斋的附近，路南，有荣录堂，规模似很大，却已衰颓不堪，久已不印笺。亦有笺样簿，却零星散乱，尘土封之，似久已无人顾问及之。循样以求笺，十不得一。即得之，亦都暗败变色，盖搁置架上已不知若干年，纸都用舶来之薄而透明的一种，色彩偏重于浓红深绿；似意在迎合光，宣时代市人们的口味。肆主人须发皆白，年已七十余，惟精神尚矍铄。与谈往事，娓娓可听。但搜求将一小时，所得仅缦卿作的数笺。于暮色仓茫中，和这古肆告别，情怀殊不胜其凄怆。

由荣录更东行，近厂东门，路北，有宝晋斋。此肆诗笺，都为光，宣时代的旧型，佳者殊鲜。仅选得朱良材作的数笺。

出厂东门，折而南，过一尺大街，即入杨梅竹斜街。东行百数步。路北，有成兴斋。此肆有冷香女士作的月令笺，又有清末为慈禧代笔的女画家缪素筠作的花鸟笺；在光，宣时代，似为一当令的笺店。然笺样多缺；月令笺仅存其七。

再东行，有彝宝斋，笺样多陈列窗间，并样簿而无之。选得王诏作的花鸟笺十余幅，颇可观，而亦零落不全。

以上数次的所得，都陆续的寄给鲁迅先生，由他负最后选择的责任。寄去的大约有五百数十种，由他选定的是三百三十余幅，就是现在印出的样式。

这部《北平笺谱》所以有现在的样式，全都是鲁迅先生的力量——由他倡始，也由他结束了这事。

说起访笺的经过来，也并不是没有失望与徒劳。我不单在厂甸一带访求，在别的地方，也尝随时随地的留意过，却都不曾给我以满足。好几个大市场里，都没有什么好的笺样被发现。有一次，曾从东单牌楼走到东四牌楼，经隆福寺街东口而更往北走，推门而入的南纸店不下十家，大多数都只售洋纸笔墨和八行素笺，最高明的也只卖少数的拱花笺，却是那末的粗陋浮燥，竟不足以当一顾。

在厂甸，也不是不曾遇见同样狼狈的事。厂甸中段的十字街头，路南，有两家规模不小的南纸店。一名崇文斋，在路东，有笺样簿，多转贩自诸大肆者。一名中和丰，在路西，专售运动器具及纸墨，并诗笺而无之。由崇文东行数十步，路南，有豹文斋，专售故宫博物院出品，亦尝翻刻黄瘿瓢人物笺，然执以较清秘，荣宝所刻，则神情全非矣。

但北平地域甚广，搜访所未及者一定还有不少。即在琉璃厂，像伦池斋，因无笺样簿，遂至失之交臂。他们所刻“思古人笺”，版已还之沈氏，故不可得；而其王雪涛花卉笺四幅，刻印俱精，色调亦柔和可爱，惜全书已成，不及加入。又北平诸文士私用之笺纸，每多设计奇诡，绘刻精丽的，惟访求较为不易。补所未备，当俟异日。

选笺既定，第二步便进行交涉刷印。淳菁，松华，松古三家，一说便无问题。荣宝，宝晋，静文诸家，初亦坚执百部不能动工之说，然终亦答应下来。独清秘最为顽强，交涉了好几次，他们不是说百部太少不能印，便是说人工不够，没有工夫印。再说下去，便给你个不理睬。任你说得舌疲唇焦，他们只是给你个不理睬！颇想抽出他们的一部分不印。终于割舍不下溥心畬，江采诸家的二十余幅作品。再三奉托了刘淑度女士和他们商量，方才肯答应印。而色调较繁的十余幅蔬果笺，却仍因无人担任刷印而被剔出。蔬果笺刻印不精，去之亦未足惜。荣录堂的笺纸，原只想印缦卿作的四幅。他们说，年代已久，不知板片还在否；找得出来便可开印，只怕残缺不全。但后来究竟算是找全了。

最后到彝宝斋。一位仿佛湖南口音的掌柜的，一开口便说："不能印。现在已经没有印刷这种信笺的工人了！我们自己要几千几万份的印，尚且不能，何况一百张！"我见他说得可笑，便取出些他家的定印单给他看，说道，"那末别家为什么肯印呢？"他无辞可对，只得说老实话："成兴斋和我们是联号，你老到他们那里看看罢，这些花鸟笺的板片他们那里也有。"我立刻明白那是怎么一回事。到成兴斋一打听，果然那板片已归他们所有。

看够了冰冷冷的拒人千里的面孔，玩够了未曾习惯的讨价还价，斤两计较的伎俩，说尽了从来不曾说过的无数恳托敷衍的话，——有时还未免带些言不由衷的浮夸——一切都只为了这部《北平笺谱》！可算是全部工作里最麻烦，最无味的一个阶段。但不能不感激他们：没有他们的好意的合作，《北平笺谱》是不会告成的。

为了访问画家和刻工的姓氏，也费了很大的工夫。有少数的画家，其姓氏是我所不知道的——我对于近代的画坛是那样的生疏！访之笺肆，亦多不知者。求之润单，间亦无之。打听了好久，有的还是见到了他的画幅，看到他的图章，方才知道。只有缦卿的一位，他的姓氏到现在还是一个谜。荣录堂的伙计说，"老板也许知道。"问之老主人则摇摇头，说："年代太久了，我已记不起来。"

刻工实为制笺的重要份子，其重要也许不下于画家。因彩色诗笺，不仅要精刻而且要就色彩的不同而分刻为若干板片；笺画之有无精神，全靠分板的能否得当。画家可以恣意的使用着颜料，刻工则必须仔细的把那么复杂的颜色，分析为四五个乃至一二十个单色板片。所以，刻工之好坏，是主宰着制笺的运命的。在《北平笺谱》里，实在不能不把画家和刻工并列着，但为了访问刻工姓名，也颇遭逢白眼。他们都觉得这是可怪的事，至多只是敷衍的回答着，有的是经了再三的追问，四处的访求，方才能够确知的。有的因为年代已久，实在无法知道。目录里所注的刻工姓名，实在是不止三易稿而后定的。宋板书多附刊刻工姓名。明代中叶以后，刻图之工，尤自珍其所作，往往自署其名，若何铃，汪士珩，魏少峰，刘素明，黄应瑞，刘应祖，洪国良，项南洲，黄子立，其尤著者。然其后则刻工渐被视为贱技；亦鲜有自标姓氏者。当此木板雕刻业像晨星似的摇摇将坠之时，而复有此一番表彰，殆亦雕板史末页上重要的文献。

淳菁阁的刻工，姓张，但不知其名。他们说，此人已死，人皆称之为张老西，住厂西门。其技能为一时之最。我根据了张老西的这个浑名，到处的打听着。后来还是托荣宝斋查考到，知道他的真名是启和。松华斋的刻工，据说是专门为他们刻笺的，也姓张。经了好几次的追问，才知道其名为东山。静文斋的刻工，初仅知其名为板儿杨，再三的恳托着去查问，才知道其名为华庭。清秘阁的刻工，也经了数次的访问后，方知其亦为张东山。因此，我颇疑刻工和制笺业的关系，也许不完全是处在雇工的地位，他们也许是自立门户，有求始应，像画家那个样子的。然未细访，不能详。

荣宝斋的刻工名李振怀，懿文斋的刻工名李仲武，松古斋的刻工名杨朝正，成兴斋的刻工名杨文，萧桂，也都颇费恳托，方能访知。至于荣录、宝晋二家，则因刻者年代已久，他们已实在记不清了，姑阙之。刻工中，以张，李，杨三姓为多，颇疑其有系属的关系，像明末之安徽黄氏，鲍氏。这种以一个家庭为中心的手工业是至今也还存在的。

刷印之工，亦为制笺的重要的一个步骤。因不仅拆板不易，即拼板、调色，亦煞费工夫。惜印工太多，不能一一记其姓名。

对此数册之笺谱，不禁也略略有些悲喜和沧桑之感。自慰幸不辜负搜访的勤劳，故记之。

二十二年（1933年）十一月十五日

《家庭的故事》自序

我不曾写过什么小说。这一个集子中所收的不过是小小的故事而已，不能居小说之名。其中有几篇是前三四年写的；一大部分则于去年八月，旅居巴黎的时候写成。我在巴黎的生活，除了几次特约几个朋友到郊外的宫堡去以外，白天不是到国立图书馆，便是到洛弗博物院。到了晚上，也有几次上歌剧院，也有几次坐坐孟巴那斯的咖啡馆，但在家的时候最多。因此，便在斗室的灯下，随意的写了那几篇故事。其总名，原来定为《家庭的故事》，发表时却各以篇名为名，并没附上这个总名，所以有许多人误会他们是小说。

在现在的这个集子里，以家庭的故事为最多，所以便以它为集名。中国的家庭，是一个神妙莫测的所在。凭我良心的评判，我实在说不出他究竟是好，还是坏，更难于指出他的坏处何在，或好处何在。但从那几篇的故事中或可以略略看出这个神妙莫测的将逝的中国旧家庭的片影吧。

我写这些故事，当然未免有几分的眷恋；然而我可以说，他们并不是我自己的回忆录，其中或未免有几分是旧事，却决不是旧事的纪实。其中人物更不能说是真实的或者有人看来觉得有些像真实者，那是因为这种型式的人，到处都可遇到，所以他们便以为写的像他或像她；其实全不是那末一回事。我写的是旧家庭的“积影”，其中的人物也都是“积影”，决不曾影射过某人某人，或影射过某事某事。如果有人要为这些故事做索隐，其结果恐怕也将等于红楼梦索隐之类的“一无是处”。

我生平最恨黑幕派的小说或故事，当然自己决不会写出有“索隐”的可能的故事来！

我对于旧家庭，旧人物，确不加以憎恨，也许反有些眷恋。所以对于他们也止有同情而无谴责。这一点，看书的人当然是明白的，我觉得即便对于“极坏的人”也不应该有什么谴责的态度。谁配责备谁呢？假定他们是“坏的”，或“不对的”，那是他们本身的罪恶么？

在革命与恋爱的两大批的出版物中，加上那末小册略带些怀旧性质的故事集，或者不会为读者所反对吧？

我应该在此谢谢叶圣陶君，他为我校正了好多地方；还要谢谢徐调孚君，他为我收集了这末一册我自己没有工夫去收集的。其他还有几位督促我出版本书的，也要在此总谢一声。没有他们的督促与鼓励，本集是不会与读者相见的；在其中，老舍君是特别要举出的。

1928年10月24日在上海

《民俗学浅说》译序

我在五六年前曾为商务印书馆编译了一部《民俗学概论》。因为要再加些材料进去，故始终未出版。不料这部《民俗学概论》的原稿二册，放在宝山路我的书桌的抽屉里，也和其他的许多原稿和珍贵的书籍一样，同时成为日本飞机炸弹下的牺牲品了。虽然不是什么重要的东西。但也是半年以上的心力的所成。想起来还不免耿耿于心！今年春天，回到上海去了一趟，在书籍堆中又找出从前在伦敦时译成的一部《民俗学浅说》。这书本来因为比较的旧，比较的浅，故不想出版。为了那部民俗学概论的被毁去，却对于这部浅陋的译稿也不禁要“敝帚自珍”起来。

国内提倡民俗学者已一天比一天多；有许多专门的学者们在研究，在搜集，在刊布许多书本。这部《民俗学浅说》放在他们之列，未免要自惭形丑。译成后迟迟不出版，此亦其一因。不过，正如本书作者柯克士女士（M.R.Cox)所说，民俗学站在人类学的方法的广大基础，已不仅仅是叙述民间故事或载录老太太的寓言一类的东西了。近来的许多中国民俗学家们，每多从事于搜辑与比较专门的研究，对于最浅近的民俗学基本常识的介绍，反而不去注意到。难道以其太浅近了，故不屑一顾之么？我等得很久，这一类浅近还不曾有得出现过。于是，我也只好不敢再藏拙了。

本书的作者柯克士女士，是英国民俗学会的会员；她曾为这个学会尽了不少力。她的一部《辛特莱娅》（《民俗学会丛书》之一，已绝版），搜辑《辛特莱娅》同类的故事至三百余则之多，乃是民俗学上不朽的名著之一。这部《民俗学浅说》虽不是伟大的东西，却也很值得一读。在出版的年月上也许已经是很陈旧的了，但似还不曾陈旧到不能适用。特别对于中国有志于民俗学研究的初学者们，似还不失为一部简要的入门书。

本想要加些附注进去，因为没有时间，只好就这样的付印了。其中关于中国的一部分，不免有许多附会与误会处，本想也一一加以纠正。为了同一的原因，也姑且随他去。好在精明的读者们在那些地方一定会可以觉察得出的。

郑振铎　二十二年（1933年）五月十日序于北平

《高加索民间故事》序

高加索介于欧、亚之间，人种非常的复杂，约有六十以上不同的民族；且在历史上也有极复杂的关系。巴比仑，亚述诸古国在它左近生了，又死了，还有蒙古人，土耳其人，罗马人以及斯拉夫人，相继驰逐于其间。所以高加索的民间故事内容极为繁歧，也极为丰富。

这书里译录了它的民间故事三十一则，都是由Adolph Dirr的《高加索民间故事》一书中译来的。Dirr为德国有名的语言学家，他在高加索住了许多年，很勤辛的，在当地人民的口中搜集了那末一本故事出来。

这三十余则的故事中，有许多是我们所很熟悉的，如《乐园的玫瑰花》，《巴古齐汗》，《美丽的海仑娜》之类，我们很可以找得出他们的来源。然故事的骨架虽同，却已加上了很丰厚的地方色彩了。

我译这部书，没有别的意思，不过欲介绍进一种儿童的读物而已。这里面的许多故事，我想，我们的儿童们一定都是很高兴读的。至于研究民间故事的先生们，如欲取来参考，我想，也不是完全没有益处的。

Dirr写此书时，语气与词句都力求近于当时口述者的原本，我这个译本，也力求合于Dirr的书。虽然经了这几重转述，原来的文句与语气，多少总走漏或变异了些，然仍觉得真朴有趣；虽然文字很简质，毫没有什么藻饰，然自有一种朴质的美。

译者　十四年（1935年）十一月二十九日

《中国文学史》自序

我写作这部《中国文学史》，并没有多大的野心，也不是什么“一家之言”。老实说，那些式样的著作，如今还谈不上。因为如今还不曾有过一部比较完备中国文学史，足以指示读者们以中国文学的整个历史的过程和整个的真实的面目的呢，如何谈得上进一步的什么。中国文学自来无史，有之当自最近二三十年始。然这二三十年间所刊布的不下数十部的中国文学史，几乎没有几部不是支体残废，或患着贫血症的。易言之，即除了一二部外，所叙述的几乎都有些缺憾。本来，文学史只是叙述些代表的作家与作品，不能必责其“求全求备”。但假如一部英国文学史而遗落了莎士比亚与狄更司，一部意大利文学史而遗落了但丁与鲍卡契奥，那是可以原谅的小事么？许多中国文学史却正都是患着这个不可原谅的绝大缺憾。唐五代的许多“变文”，金元的几部“诸宫调”，宋明的无数的短篇平话，明、清的许多重要的宝卷，弹词，有那一部“中国文学史”曾经涉笔记载过？不必说是那些新发见的与未被人注意着的文体了，即为元明文学的主干的戏曲与小说，以及散曲的令套，他们又何尝曾注意及之呢！即偶然叙及之的，也只是以一二章节的篇页，草草了之。每每都是大张旗鼓的去讲什么河汾诸老，前后七子，以及什么桐城，阳湖。

这是那里说起的缪误观念呢！难道中国文学史的园地，便永远被一般喊着“主上圣明，臣罪当诛”的奴性的士大夫们占领着了么？难道几篇无灵魂的随意写作的诗与散文，不妨涂抹了文学史上的好几十页的白纸，而那许多曾经打动了无量数平民的内心，使之歌，使之泣，使之称心的笑乐的真实的名著，反不得与之争数十百行的篇页么！这是使我发愿要写一部比较的足以表现出中国文学整个真实的面目与进展的历史的重要原因。这愿发了十余年，积稿也已不少。今年方得整理就绪，刊行于世，总算是可以自慰的事。但这部中国文学史也并不会是最完备的一部。真实的伟大的名著，还时时在被发见。将来尽有需要改写增添所在。惟对于要进一步而写什么“一家言”的名著的诸君，这或将是一部在不被摒弃之列的“爝火”罢。

1932年6月4日郑振铎于北平

附：例言

一、中国文学史的编著，今日殆已盛极一时；三两年来，所见无虑十余种，惟类多因袭旧文。即有一二独具新意者，亦每苦于材料的不充实。本书作者久有要编述一部比较能够显示出中国文学的真实的面目的历史之心，惜人事倥偬，仅出一册而中止（即商务印书馆出版的《中国文学史》中世卷第三篇第一册）。且即此一册，其版今亦被毁于日兵的炮火之下，不复再得与读者相见。因此发愤，先成此简编，供一般读者的应用，他日或仍能把那部较详细的中国文学史完成问世。

二、许多中国文学史，取材的范围往往未能包罗中国文学的全部。其仅以评述诗古文辞为事者无论了，即有从诗古文辞扩充到词与曲的，扩充到近代的小说的，却也未能使我们满意。近十几年来，已失的文体与已失的伟大的作品的发见，使我们的文学史几乎要全易旧观。决不是抱残守缺所能了事的。若论述元剧而仅着力于《元曲选》，研究明曲而仅以《六十种曲》为研究的对象，探讨宋元话本，而仅以《京本通俗小说》为探讨的极则者，今殆已非其时。本书作者对于这种新的发见，曾加以特殊的注意。故本书所论述者，在今日而论，可算是比较得完备的。

三、因此，本书所包罗的材料，大约总有三分之一以上是他书所未述及的；像唐五代的变文，宋元的戏文与诸宫调，元明的讲史与散曲，明清的短剧与民歌，以及宝卷弹词鼓词等等皆是。我们该感谢这几年来殷勤搜辑那些伟大的未为世人所注意的著作的收藏家们。没有他们的努力与帮助，有许多中国文学史上的重要的作品是不会为我们所发见的。

四、他书大抵抄袭日人的旧著，将中国文学史分为上古、中古、近古及近代的四期，又每期皆以易代换姓的表面上的政变为划界。例如，中古期皆开始于隋，近古期皆终止于明。却不知隋与唐初的文学是很难分别得开的；明末的文坛上的风尚到了清初的几十年间也尚相承未变。如何可以硬生生的将一个相同的时代劈开为两呢？本书就文学史上的自然的进展的趋势，分为古代，中世及近代的三期，中世文学开始于佛教文学的输入；近代文学开始于昆剧的产生及长篇小说的发展。每期之中，又各分为若干章，每章也都是就一个文学运动，一种文体，或一个文学流派的兴衰起落而论述着的。

五、本书不欲多袭前人的论断。但前人或当代的学者们的批评与论断，可采者自甚多。本书凡采用他们的论断的时候，自必一一举出姓氏，以示不敢掠美，并注明所从出的书名，篇名。

六、中国文学史的附入插图，为本书作者第一次的尝试。作者为了搜求本书所需要的插图，颇费了若干年的苦辛。作者以为插图的作用，一方面固在于把许多著名作家的面目，或把许多我们所爱读的书本的最原来的式样，或把各书里所写的动人心肺的人物或其行事显现在我们的面前；这当然是大足以增高读者的兴趣的。但他方面却更有一个重要的原因。使我们需要那些插图的，那便是，在那些可靠的来源的插图里，意外的可以使我们得见各时代的真实的社会的生活的情态。故本书所附插图，于作家造像，书版式样，书中人物图像等等之外，并尽量搜罗各文学书里足以表现时代生活的插图，复制加入。

七、本书所附插图，类多从最可靠的来源复制。作家的造像，尤为慎重，不欲以多为贵。在搜集所及的书本里，珍秘的东西很不少，大抵以宋以来的书籍里所附的木版画为采撷的主体，其次亦及于写本。在本书的若干幅的图像里，所用的书籍不下一百余种，其中大部分胥为世人所未见的孤本。一旦将那许多不常见的珍籍披露出来，本书作者也颇自引为快。为了搜求的艰难，如有当代作家，要想从本书插图里复制什么的话，希望他们能够先行通知作者一声。

八、得书之难，于今为甚。恶劣的书版，遍于坊间，其误人不仅鲁鱼亥豕而已。较精的版本，则其为价之昂，每百十倍之。更有孤本珍籍，往往可遇而不可求。在现在而言读书，已不是从前那样的抱残守缺，或仅仅利用私家收藏所可满意的了。一到了要研究一个比较专门的问题，便非博访各个公私图书馆不可。本书于此，颇为注意。每于所论述的某书之下注明有若干种的不同的版本，以便读者的访求，间或加以简略的说明。其于难得的不经见的珍籍，并就所知，注出收藏者的姓名（或图书馆名）。其有收藏者不欲宣布的，则只好从缺。但那究竟是少数。

九、近来“目录学”云云的一门学问，似甚流行；名人们开示“书目”的倾向，也已成为风尚。但个人的嗜好不同，研究的学问各有专门，要他熟读《四库书目》，是无所用的，要他知道经史子集诸书的不同的版本，也是颇无谓的举动。故所谓“目录学”云云，是颇可置疑的一个中国式样的东西。但读书的指导，却不是绝对不可能的事。关于每个专门问题，每件专门学问的参考书目的列示，乃是今日很需要的东西。本书于每章之后，列举若干必要的参考书目，以供读者作更进一步的探讨之需。

十、本书的论述着重于每一个文学运动，或每一种文体的兴衰，故于史实发生的详确的年月，或未为读者所甚留意，特于全书之末，另列“年表”一部，以综其要。

十一、“索引”为用至大，可以帮助读者省了不少无谓的时力。古书的难读，大都因没有“索引”一类的东西之故。新近出版的著作，有索引者还是不多，本书特费一部分时力，编制“索引”，附于全书之后，以便读者的检阅。

十二、本书的编著，为功非易。十余年来，所耗的时力，直接间接，殆皆在于本书。随时编作的文稿，不特盈尺而已。为了更详尽的论述，不是一时所能完功，便特先致力于本书的写作。

故本书虽只是比较简单的一部文学史的纲要，却并不是一部草率的成就。

十三、本书的告成得诸友好们的帮助为多。珍籍的借读，材料的搜辑，插图的复制，疑难的质问，在在皆有赖于他们。该在此向他们致谢！在其中，北京图书馆，故宫博物院，古物陈列所顾颉刚先生，郭绍虞先生，和几位藏书家尤为本书作者所难忘记。涵芬楼给予作者之便利最多；不幸在本书出版的前数月，涵芬楼竟已成为绛云之续，珍籍秘册，一时并烬。作者对此不可偿赎的损失，敬伸哀悼之意！

十四、在这个多难的年代，出版一部书是谈何容易的事。苟没有许多友好的好意的鼓励，本书或未必在今日与读者相见。再者，本书的抄录，校对，以刘师仪女士及我妻君箴之力为最多，应该一并致谢！

二十一年（1931年）五月二十二日作者于北平

《中国文学论集》序

我从少来便喜欢东涂西抹。年十三四时，读《聊斋志异》，便习写狐鬼之事。记得尝作笔记盈半册，皆灯前月下闻之于前辈长者的记载。迄未敢出示友朋，人亦无知之者。几经播迁，皆荡为云烟矣。后随长者们作诗钟，方解平仄，乃亦喜赋咏物小词。随作随弃，也不复存稿。年十八九，从浙东到北平就学。时文学解放运动方开始，我乃立弃旧所习，发奋写作白话文。每日日方出，便自东城根步行到西城上学。节省车资，购诸新刊物。后青年会刊行《新社会周刊》，我以友人孔先生之介（今孔先生墓木拱矣！）加入为编辑。始和耿济之、瞿世英、许地山、瞿秋白诸先生相识。小小的一个青年会图书馆，（记得只有三个矮的立橱的书）却介绍我认识了不少的伟大的作家们。安特列夫、柴霍甫的小说、戏曲便是第一次由那些矮的立橱里为我所知的。（至今感之！）我在《新社会》里写了不少的浅薄无聊的文章。皆不自惜，无留稿者。今并《新社会》也一册无存。《新社会》出版不到半年，乃被北方当局视为反动刊物之一。盖当时，凡有“社会”二字者皆受嫌疑，况复冠以“新”字；其被封禁宜矣。办事员某君且在狱中拘留数日。我们并不自馁，复刊行《人道月刊》。仅出一册，因经济支绌，又自动的收场了。因为没有“自己的园地”了，写稿的机会便也少。然《晨报》上也尝刊着我的初次试笔的小说，《新青年》上也偶有译稿。耿济之先生和《新中国杂志社》的主者叶先生认识，复介绍我为他写稿子，才第一次为写文章而得着些稿费，那些文章，都是很幼稚的，故也都不曾剪存。东涂西抹的东西，实在也不配存留下来。

东涂西抹的习惯，始终不曾改。五四运动的第二年，学生界的风波还汹汹未定。我也是一个代表，每夜奔走开会。为的是无甚重要的议案，有时竟带了书在会场上译。那时，耿济之先生为某中学的代表，亦在那里，相视而笑，盖他也带了课本在预备第二天的功课。

把自己的文章开始剪存了下来，是《小说月报》革新了以后的事。那时是民国九年。革新之议，发动于耿济之先生和我。我们在蒋百里先生处，遇见了高梦旦先生，说起了要出版一个文艺杂志事，高先生很赞成。后张菊生先生也北来，又谈了一次话。此事乃定局。由沈雁冰先生负主编《小说月报》的责任，而我则为他在北平方面集稿。

这时候我写了不少的文章，也不外是东涂西抹的结果。然所作乃不复旁骛，几全为文学的译作。十年来，不断的为《小说月报》写稿子。《文学周报》上也不断的有些短论小评。除了有系统的著作，像《俄国文学史略》、《太戈尔传》、《文学大纲》等等曾另行成册出版者外，其他文字，皆不自顾惜，未加搜辑。

二十年冬，由北平回到上海，决心要脱离编辑的生活。友人们颇有怂恿我将旧作辑集起来出版的。有若干读者们，也时有来信询问某文见于某时的某杂志的，且欲购求得之。我才觉得有开始搜辑这十年来的所作的需要。仍以《小说月报》为主；以有全份可得。《文学周报》则已残缺若干册。当时，藉着徐调孚先生的帮助，凡辑得小品文及杂论二册（即《海燕》与《文探》），《中国文学论集》一册，诗集一册；又想把短评杂感之类，也集成一册。然搜辑甫竣事，而一月二十八日的沪战起矣。《海燕》、《文探》二册，已先期交新中国书局，《中国文学论集》已先期交开明书店，皆幸而免。而诗集及杂感集等等，则被同埋于东方图书馆的灰堆里了。

自思所作，每感汗颜。类多匆匆着笔，即以付刊，罕加精思，更少润改。始终离不了童年以来的东涂西抹的恶习。然十年工力，毕集于斯。亦间有稍堪流连，足资观览的，不忍痛汰以尽，聊复存其较可存者。不意竟亦得裒然成数册！

此册所录，皆为关于中国文学的论文及杂著，篇幅却最多。付刊以来，已再历寒暑。终得问世，全赖徐调孚先生之力。谨于此谢之！

郑振铎　一九三四，二二〇，于北平。

（《中国文学论集》1934年上海开明书店版）

《欧行日记》自记

这部日记，其实只是半部之半。还有四分之三的原稿，因为几次的搬家，不知散失到什么地方去，再也不能找到。仅仅为了此故，对于这半部之半的“日记”，自不免格外有些珍惜。

写的时候是一九二七年；到现在整整的隔了七个年头，老是保存在箧中，不愿意，且也简直没有想到，拿去发表。为的是，多半为私生活的记载，原来只是写来寄给君箴一个人看的，不料，隔了七年之后，这陈年老古董的东西却依旧不能藏拙到底。

一半自然是为了穷，有不得不出版之势；其实，也因为这半部之半，实在飘泊得太久了，经过的劫难不在少数，都亏得君箴的细心保存，才能够“历劫”未毁。今日如果再不将它和世人相见，说不定再经一次的浩劫巨变，便也将和那四之三的原稿一样，同埋在灰堆火场之中。这些破稿子不足惜，却未免要辜负了保存者之心了。故趁着良友向我索稿的时候，毅然的下一决心，将它交给良友出版了。

这里面，有许多私生活的记载，有许多私话，却都来不及将他们删去了。

但因此，也许这部旅行日记，便不完全是记行程，记游历的干枯之作，其中也许还杂着些具有真挚的情感的话。

绝对不是着意的经营，从来没有装腔作态的描叙——因为本来只是写给一个人看的——也许这种不经意的写作，反倒觉到自然些。

二十三年（1934年）九月八日作者自记于上海

《佝偻集》序

三年前曾把十年来所作的论文，集为《中国文学论集》一册，交开明书店出版。历经变乱，原稿幸得无恙，到今年五月间，方才和世人相见。在这三年中，我离开了上海的忙迫的工厂生活，到北平去教书，比较的多有专心研究一个问题的机会，写作的时间也较为充裕；又在教书讲演的当儿，不免也时有新的意见发生。故这短短的三年，写作的东西倒还不算少。现在在这里将他们集为一册，正读《庄子》，有感于佝偻老人承蜩的事，便以《佝偻》名之。写作论文，并不是随笔挥就的事。有一位朋友，曾说起过，我写文章往往将稿纸摊放在书桌上，只写了题目好久还不曾下笔写下去。这是实在的情况。一个比较专门问题的研究，常不是一时一刻所能望其告成的。文学的研究，虽不用试验管，无需分光镜，但其必须专心一致以赴之，却是一样的。常有一个问题，梗在心上，两三年不曾研究得成熟，不敢草率的写出来的。所谓“獭祭”也者，看似东抄西袭，其实，将那件百衲衣缝合起来，便不是容易的事。若说“研究文学而无须苦功”，那是英雄欺人之谈。

集在这里的若干论文，虽不是什么成功之作，却也费的不少的辛勤；有许多意见，是不止三两载的研究结果，写作的时间，有时也需到半年以上。关于论“大众文学”，论“新文坛”，谈“我们所需要的文学”的几篇，性质略有不同。但这些，表现了我的对于文学的观点。虽然比十年前略有些进步，但站在“为人生的文学”的立场上，却是一致的——只可惜那十年前的言论，大多数刊在《文学周报》上的，都已荡为云烟，无法收集起来的了。

在这一集的上卷里，有一部分是讲演的记录；特别《新文坛的过去现在和将来》一篇，全用了北京大学许先生的记录，而没有什么更改，应该向他致谢！《宋金元诸宫调考》是刊在燕京大学《文学年报》上的；其余的除了一二篇不曾发表者外，都是刊在清华大学的《清华周刊》及《中国文学月刊》，北平的《文学季刊》和上海的《文学》上的。下卷的大部分，都是读书的札记，曾刊于二十二卷以前的《小说月报》上的；只有最后的几篇是刊在《清华周刊》及《大公报》的文艺副刊上的。

（《佝偻集》1934年上海开明书店版）

关于版画

一

中国美术史也和别的专门的历史一样，还是一片无垠的荒原，一块不曾经人开垦过的黑土，我们只要努力的执起耒耜来耕种，便不会有“无收获”的工作。

在无垠的处女土上工作着，广大的穹形的天空，有薄绵似的白云浮在上面，无边限的大地，伸展开去，似和天空相接连着。太阳是朗朗的遍洒着黄金色的光，背上感到一种可悦的燠暖。几只乌鸦高视阔步的在啄食被翻土所带出地面的虫豸。四周围静悄悄的，没有第二个人在那里。虽有些寂寞之感，那心境却是异常的舒泰和平静。工作成为不断的喜悦，而不是一种辛苦的压迫。假如有三两个同道者在一块儿工作着，形影相望，呼喊之声可以相闻，那末同道的相慰的感觉，也便足够偿辛勤的苦作的劳役而有余。

在空白的篇页这么多的中国美术史的范围里工作着的，连异邦的学者们也计算在内，究竟有多少人呢?

有许许多多的问题，都还成为悬案而不曾解决。

有许许多多的问题，却还从不曾有人接触过，而听任其留空白的篇页于书中。

也还有些粗鲁的愚夫们在岩石地上垦殖着，且散播着种子，枉自费了气力而没有丝毫的成绩。（例如，以“字”为美术而作为研究的对象之类。）

在这样的情形里，我闯入了中国美术史的大荒原上，而成为微小的垦殖者之一，在小小的一片处女土上工作着，而想把一些空白的篇页填上了黑字。

那一片小小的处女土便是“版画”。“版画”的研究，前无古人，但当这个时候，同道的垦荒者却也还颇有几个人，他们的辛勤的努力，都使我永远的不能忘记。

二

登高必自卑。我最初对“版画”的发生研究的兴趣却是由于偶然的机缘。

我从小便有一股傻劲儿，喜欢搜集某一类的玩意儿。破铜烂铁之类，曾有一时是我搜集的对象。后来，突然热心于有彩色的画片——特别是《三国》人物像，《岳传》的人物像等的纸烟画片——的搜集。曾为了一张不经见的画片，而破费了新年时压岁钱的一半。然而为之不悔，乐之不疲。

这股傻劲儿到今日也还保存着，虽然研究和搜集的对象已经变了。

我从小便爱读中国小说，屡屡的废寝忘食的在阅读着《三国》、《水浒》、《红楼》等等，不读毕全书是决不肯放下的。

小说书前面的绣像，也便是我所喜爱的东西。常常模仿了彩色画片的颜色，把他们涂抹得红红绿绿的。记得关羽的脸，总是浓浓的拓上了红朱，而曹操的脸便将白粉堆填了上去，兀术的脸是花花绿绿的，牛皋和张飞、李逵的黑脸却最不好上墨，往往是弄得一塌胡涂而止。——那彩色脸谱的印象，旧戏所给的影响当然也不少。

喜欢人物的画像，几乎成为我的第二天性。

十几年前，住在上海，老脾气总不改，往往把所有的钱都用来搜罗“古书”了。于其中，因为性之所近，尤好搜集古本的小说戏剧。其初，只是搜得些石印、铅印乃至同光间木刻的袖珍本一类的小说，对于其中的拙呆的人物像，已没有童时那末感到兴趣。但渐渐的也便有所获：真实的佳本，古本乃至孤本也便不时的可以看见，可以得到。购古书的胆力也便逐渐的更大了。

戏曲书的购置，最初只是限于石印本的《元曲选》，暖红室所刊诸传奇，以及《笠翁十种》、《藏园九种》之类。而得一部汲古阁本的《六十种曲》已是穷儿暴富似的夸诩着了。

有一个黄昏，大约在十四年前，经过了四马路的一家扬州人开设的旧书肆，偶然的踱了进去。有一堆破烂的旧书堆在帐桌上。翻了一翻，好书不少；有全图的《笠翁十种曲》，有李卓吾批评的《浣沙记》，玉茗堂批评的《红梅记》、《焚香记》等。这些都是未之前见的。他们索价颇高——在后来看来，其价目还算是低廉的——而且绝对的不肯让步。我走出店门了，但不久还是走回去。终于决定了购买这一批“珍本”，连《笠翁曲》也在内，因为他们不肯拆卖。

这成了我所藏的插图本明版戏曲的最初的宝库，且也是最可珍异的一部分。

这时，我在涵芬楼做编辑的工作；涵芬楼所藏的书里是没有这一类“插图”的古书的。友人们里面，对于古书有兴趣的人本来不多，对于版画有兴趣的人更少。我差不多孤独的在做着这无人顾问的工作。

清人的版画，——就是有插图的清代版的书——还比较的易得，且价值也廉。像任渭长（熊）的四种《剑侠》、《高士》等传，作风和刻工都臻上乘，而为值却不及明版残书的一帙。改琦的《红楼梦》图，初印的也不难得，然作者却慎重异常，每幅必押以鲜明的私章。殿版的《耕织图》，焦秉贞作的，颇富于西洋画的风趣。后印的甚易得，然开化纸的初印本，触手若新，墨光闪闪者却不大可见到。《承华事略》刻得很工整，而匠气殊重。我很不喜爱他。

顾氏所刻的吴郡人物像，乃至许多纪念个人的宦绩事功以及生平大事的有插图的书，从《靖海图》到《花甲闲谈》，为数很不少，其中也尽有佳作；像康熙版的《靖海图》便饶有明版的风味，人物繁多而表情殊佳。

广东麦氏刻本的《镜花缘》，首附《百女图》，每图的后面，都有很富于意匠的图案画一幅，虽是近代的东西，却很可喜爱。同光间的翻刻本，却把原本插图的美，完全毁坏了，那图像刻得不成“人”形。但明刻有插图的书却甚不易得。我自从得到扬州人书肆的那一批戏曲之外，老得不到什么更好的更可注意的东西，只是零零落落购到些臧刻《南柯记》一类的常见的书。然臧氏所刻《四梦》，就曲律论，也许竟是一位孟浪汉，其插图却是足以不朽的，《邯郸记》的插图尤佳。把人物布置在大山远水之间，只是素描似的勾勒着几笔，脸却只是一圈一圈的轮廓，然情神却竟可隐约的见出。这方法，在明代版画上是不多用的。然臧氏用之，却极为成功。看惯了细腻奢靡的工致人物图，再去看这些幅东西，诚有如从不夜城的闹市里逃出，走到只有繁星熠熠在亮着的黑漆的田野里的情形；心地是清凉异常，阔大异常。

为了争取一部明刻的《隋炀艳史》，竟懊丧了好几个月，至今思之，未免可笑。明刻小说较戏曲尤为难得。陈乃乾先生有一天告诉我，他得到了一部明版有图的《隋炀艳史》，图样精美。我为之怦然心动。立刻逼住他给我看。他说，还放在某一家扬州人的书肆里呢。随即去取了头一本书来，那是有图的头一本。我说，何不去取得全书呢。过了一会，他去取，其余的十几本书却已经不见了。据说是被另一个书贾取去的。乃乾当然是不依；却也终于取不回来。这是一部崇祯刻本，在杭州刻的。少见多怪的我，见之赞叹无已。力劝乃乾设法得到其余，合成一部完璧；当然我是颇有野心要从乃乾得到它的。过了十几天，心里还是念念不忘此书。却听见说，此书的被离散了两部分，已是珠联璧合了。是董授经先生从乃乾及某肆合购而来。渴于要一见而无从。此书的头本有插图凡七十幅——原来是八十幅，阙去十幅——那是出明末杭州最好的刻工之手。最使我注意的尤其是每幅后面的图案画，几乎没有一幅相同的；或作连环形，或作海螺形，意匠至巧，处处与书中文意相关合。如果用到别的工艺品上，恐怕立刻便会引起很大的激动的。

我很懊丧于自己的失去获得此书的机会。但后来在北平终于得到同样的一部，且知道此书并不十分难得，颇自诧于自己那时候的孤陋寡闻。

像这样的购书的悲喜剧，我是常常遇到的；且常是其中的主角之一。一来因为自己的力量不够，再者，也还是因为购买力的缺乏；为了每每须现筹款项以付书帐，往往失去了许多当前便可捉住的机缘。

最初从事于搜集版画，殊有寂寞无侣之感。连别下斋的《太上感应篇》也视若奇珍；原刻本的《元曲选》虽有意于访得一部，却只好满足于涵芬楼石印本的鉴赏。为了购买梁廷枏的《小四梦》（《藤花亭四种曲》）——当然一半也为了其中的插图，仅见的清代衣冠的人物图——竟费了百元之谱。在今日，这样的豪兴是随便怎样也不会激动起来的。当时，还为了要买一部臧刻《四梦》——这是四种的全部——不惜奔走四马路四五次，不惜费了许多的口舌，惟恐失之，今日这样浓挚的书癖，那股傻劲儿，却还存在。

过了几年，同事的周越然先生也开始在购买有插图的小说戏曲书了。仅仅在数年之间，便得到了不少的精品。我们常以所得相互赏鉴。眼界因以渐广。吴瞿安先生编印《奢摩他室曲丛》时，曾以所藏明版曲移庋于涵芬楼上。一时获睹《青楼记》、《和戎记》诸富春堂刊本，及广庆堂、继志斋所刻诸曲，眼界不禁为之大开。对于明刻版画，渐有了一个系统的概念。但只是限于万历以来的制作。万历以上的作品，得之之艰，奚啻百倍。

当时曾发一弘愿，欲为中国版画修一史。为了搜辑初步的材料，曾遍阅周越然先生所藏，且带了摄影师同去，随时指定某图，嘱他摄出。这位摄影师，不久又随我同到苏州，在吴瞿安先生家整整的忙碌了两天。所得也至夥。杭州的省立图书馆和南京的江南图书馆，我也曾专为了这个目的而去过几次，遍搜所藏有插图的书。然所得却远出意外的少。杭州所藏有图书绝少，只有一部黄凤池刊的《唐诗画谱》，还是日本的翻刻本。江南图书馆里这一类的书也不多；只有富春堂刊的几种曲，尚可注意，也摄得书影数幅而归。

黄凤池刊的画谱凡八种，颇多佳作。于五六七言《唐诗画谱》外，似以《唐六如画谱》为最多出色当行之作。其他花卉、禽鸟、“梅、兰、竹、菊”等谱，不过是供人临摹的粉本，及习画的教科书耳。“画面谱”最罕见。但其中精品却不少。我最初只得到这部书的残本五册；后来又得到八“谱”的全部；可惜是后印本——后来又陆续在北平得到二部，但初印的仍只是三四册，余皆后印者。

坊间所谓知不足斋刊本仇绘《列女传》，一望而知其非清代版；然明版初印者殊不可得。有一天，我在杭州城站一书肆里，索阅有插图的书。他们取出了一册《列女传》的残本，极初印的，墨色极鲜妍，若出于手绘。他们说，画师常购这一类书去临摹。过了一年多，又在来青阁得到此书的四册白绵纸印本；版心下端，有“真诚堂”三字，每则之末论赞的人名尚为墨订，“汪××曰”一句，均尚未刻入。可见这的是初印本。便可断定这部《列女传》乃是明万历间真诚堂所刊；此版后为汪氏所得，故刻上“汪××曰”数字；入清，版尚存，又为知不足斋所得，故于版心又加上“知不足斋”数字。所云仇绘，根本无稽。明代徽派刻工，人物形态，往往都作斯状，实非出仇十洲手笔也。

可注意的获得，又有程氏《墨苑》及方氏《墨谱》等书。《墨谱》的作图者，虽亦多出丁云鹏手笔，然实非《墨苑》的匹敌，《墨苑》取精用弘，无所不精，无所不有。坊间所见，类多无“圣母图”的。我尝以高价从中国书店购得黄绵纸的一部，有“圣母图”，颇完全，然独阙二十八宿图。后又从蟫隐庐得《墨苑》图十余册，为白绵纸初印本，但少前后序跋。其中图幅亦往往多少相歧。后来，有人说，此书尚有附《中山狼传》图者，却终不可得见。近年在北平，于王孝慈先生许，见《墨苑》残本数册。为极初印本；二十八宿图的文字是朱印的；诧为得未曾有，并疑是套印之始。当时仿佛听说，日本藏有彩色套印本。然未置信。后遇陶兰泉先生，说起此书，他说，他藏有此书的彩色套印本一部。无日忘之，渴欲一见。特为此书，在大雨雪中，到了天津爱丁盘路陶宅。果然是彩色套印的！那套印的方法，极为原始。不见此书，实无由知道中国彩印的原始的情形。学问诚是无涯岸的！也可知研究版画，搜罗异本并不是一件浪费的工作。

三

在研究中国版画的人里，马隅卿先生是最不能忘记的。他也因为爱好小说戏曲而连带研究到小说戏曲的插图。他是一位极细心的学者；研究版画，别具只眼，能立辨其时代与作风。

曾和赵万里先生同到宁波访他；住在他家的古式的西厢里，日夜谈论古刻本；恨相得之晚！因了他的介绍，我们奔走了不少家宁波藏书家之门，见到了不少的美好的有插图的书；朱瓒卿氏所藏的万历刊本白绵纸初印的《玉簪记》尤可赞赏。

有一天，他取出他的笔记给我看。中有若干页，记载明代刻工姓氏及其所刻的书。这引起了我的特别注意。我虽注意于版画的刻工，却还不曾有过有系统的研究；所知者只是项南洲、刘果卿、黄子立诸大家而已。

“这是以王孝慈的东西为底子而由我随时加以补充的，”他说道。

我翻了一翻，见他在上海我家里所见的几部书，凡版画上有署名的均已加入其中了。我是很自愧于这样勤奋的研究者的！

“我可以抄下一份么？”

“当然可以。”他笑着答说。

在深夜，煤油灯下，古式的西厢里，四无人声，我匆匆的抄着这作为基本研究的版画刻工姓名录。

那第一位从事于这研究的王孝慈先生的姓名，我从此牢记住他，渴欲一识荆为幸。后来，我到了北平，果然也成了一见如故的好友。他家藏版画最多，精品尤夥。年来颇有散失，然精品尚多存者。他爱之如性命；其好之之专，嗜之之笃，我辈实所不及。

今隅卿已作古人，孝慈亦病废于家，茫茫天壤间，同道的人益复寥寥矣。

北平傅惜华先生对于此道，亦称行家。他所藏有插图的明版书也不少。特别好搜罗各地“年画”；于粗劣拙笨的刻工里，往往可看出弘伟的想像力与作风来。他的朋友法人杜博斯最爱搜罗“年画”及民间所刻“画”，对于精工者反不收。已集有数大册厚的“年画”。曾在其书斋，披览其所得，也颇令我们兴“已落人后”之感。

日本的黑田博士，对于版画，闻亦有特殊兴趣与研究，常往来北平，搜集这一类书籍。我到北平的时候，他刚从北平到德国去了。

徐森玉先生学问最渊博，对于版画也是深知笃好的一位；赵万里先生最精于赏鉴，他曾为北平图书馆购得不少的精品。北平图书馆曾给我以极大的帮助。

在北平，失去了臧刻初印的残本《元曲选》，实是终身的憾事。曾和万里同到来薰阁，获见此初印本《元曲选》，插图皆附于每剧之首，每幅图上，皆有刻工的姓名。惜当时未及抄下。因索价昂，姑置之。后闻中央研究院有意欲购。因此因循了下去。再过问之，则已为东方文化事业部所得去。

刻工实是“版画”研究上最重要的一个对象。他们各有特殊的作风，也各有一派的作风。有的时候，作画者为一人（如《墨苑》的作画者为丁云鹏，陈眉公所评诸传奇的作画者为蔡冲寰），刻版者又别为一人。在这种情形之下，刻工的地位是比较得不大重要。他们成了附庸的人物，无个性的匠人。但有许多地方，他们实在便是画家；他们也常常自己起草来刻的。像作《状元图考》的黄氏诸昆仲，他们便都是画家。项南洲诸人，最珍视其所自刻的，几乎每幅版画都有签名。想来作画的人也便是他们自己了。

鲁迅先生是介绍西洋版画到中国来的第一个人；对于中国版画也最有兴趣。《北平笺谱》的编辑和《十竹斋画谱》的翻刻，多半由于他的决定的力量。在《北平笺谱》和翻刻的《十竹斋笺谱》的成绩看来，明末最好的刻工的余绪，到今日也还未堕。

《十竹斋笺谱》和《十竹斋画谱》二书，实是晚明版画的最高的成就。那色彩的调和，刻工的精细，都是前无古人的。监制的人是胡曰从；作画者以高阳、高友二氏为最多；然刻工们却湮没无闻了。

清代刻工，渐染匠气，精工有余，气韵不足，特别是殿版诸书，像《万寿盛典图》、《圆明园图》、《皇朝职贡图》、《避暑山庄图》、《授时通考》等等，都是很板涩的，已失去了明代活泼泼的作风。

四

万历时代以上的版画的研究，是最少有人着手的。嘉靖本附插图的书，珍罕到“可遇而不可求”的程度。像《农书本草》一类的翻宋元版书尚可得。佛经偶一见之；宝卷也间或可得。此外便绝少有佳本。我曾在北平得到一部《历法通书大全》，颇自珍秘。

正德以上，所见益罕。宋元版画，直等奇珍。然我却有幸运的在北平获得了从宋元以来到天顺的许多单刊本佛道经，其中有插图的居其多数。于是宋元明初的版画便可以有一个研究的基础。宋代版画，仍极罕见，但其规模，大略可知。尝得残本杂卦书一册，所刻画图极为古朴，断为宋版；后又得洪武的翻刻本，乃知其为宋版无疑。元版有图的书较多；日本内阁文库所藏《全相平话五种》，其插图是很精美的。我所得的佛道经里，元代版本也不少。

洪武所刻的，最为草率，图亦粗拙，大都翻刻宋元人所作。那时候盛行用粗厚之黄纸，双面印字及图，有若今日之西式书籍。这可见当时纸张之缺乏。

但到了永乐，文化的程度却有了突飞的进步。在版画上，也有了极精美的发展。所刻的佛道经，其插图无不精致绝伦。我曾得永乐版《阿弥陀经》一残卷，其插图的工整细致，气韵生动，较之万历末的作品，实有过之无不及。又郑和所刻的《摩利支天王经》，其扉画也绝佳。《天妃经》的扉画，人物众多，而气魄极弘伟。在这时代的作品，经我们发见者，至少有三十种以上。这实是一个“版画的黄金时代”的发见。

宣德尚保持永乐的作风。成化以后，便渐陷于粗率了。直到万历初年，我们看所刻的《帝鉴图说》，刘龙田本《西厢记》，富春堂本诸传奇等等，其作风尚均有拙重之感，线条也类多粗野者。

最早的北宋及唐五代的版画，是极不易得的。唐末的《金刚经》刻本的扉画（敦煌发见），今藏于伦敦博物院者，可算是今知的版画的元祖。较常见的，乃是万佛图一类的扉画；即刻一坐佛的木戳，而重复的打印于一卷手写经之前，作为扉画之用者是。

如果有中国版画史一类的著作的写作，现在所集得的材料，已相当的够用了。且也正是写作的时候了。美术史上空白的一页，始终可填上的了。所集材料，类多创获，此亦足偿辛勤的搜辑而有余。

关于西洋版画的书是很多的，颇足供我们的参考；John Ruskin的一本，在原理上说得尤为透澈，只是略略的旧一些。

二十四年（1935年）十二月二十二日写毕

（原载《中学生》，1936年第1期）

《晚清文选》序

我编辑这部《晚清文选》曾用了很大的努力与耐心；一来是因为材料的不易得；二来也因为材料的过多过杂，选择起来觉得非常的困难。如果编一部《古代文选》或《唐宋文选》之类，那些材料却还比较的容易找得到，且也还比较的容易选取其精华。但《晚清文选》的材料却一桩桩都要自己下手去搜罗的；可以说是无所依傍的工作。在各个图书馆里，这一类的材料简直不大有。他们都不会注意这个最有关系的时代。几种清末的《续经世文编》、《经世文新编》以及《畜艾文编》之类，当然给我的帮助不少。可是多偏于一方面，未能见其全。同时，往往不注出处，有时无从知道其来源。而当时的定期刊物、秘密刊物是那样的多——特别是关革命的文献——也令人有挂一漏万之感。要是仔细的"求全""求备"下去，就再费个三五年的工夫也不容易编得成功。只好这样的"急就章"的编完它。盼望专门的收藏家们和学者们的指教或补充。"椎轮为大辂之始"，苟能因此引起大家对于这一时代的文献和文学的注意，则更完备的工作，"成功正不必自我"。

说起来有些痛心，如果东方图书馆不曾被日机烧掉的话，其中所储藏着的晚清作品颇多，尽足以作为我这部书的选材的基础。但如今一本本的书却都要以个人的力量去搜罗了！不知有多少个黄昏曾为了它而耗费在几家旧书之肆的摊头。就连旧书肆，对于这一类的较近代的作品，也很不注意；往往数日的搜访，所得不过三两部书而已。旧杂志尤为难得；像《民报》、《复报》之类，即悬重金以购之，也不见得立时有。即如马建忠的《适可斋记言记行》，前七八年还可得，今则已成绝无仅有的难得之物了。

这部从辛苦艰难里编成的东西，对于我格外觉得亲切；编成了之后，自己读了一遍，觉得这劳力并不白费！

我自己是重温了一遍转变期的中国的历史；对于读者们似也不无特别的作用，除了作为“文选”读之外。

我在《选文小记》（《中流》一卷四期）里曾经说起过：

这样的作着“选文”的工作时，不免时时有些感触。对于老维新党奋发有为、冒万难而不避、犯大不韪而不移的勇气，与乎老革命党的慷慨激昂，视死如生，掷头颅、喷热血以求得民族自由与解放的精神，我同样的佩服。对于魏源、马建忠、林纾、严复、梁启超们所做的介绍与启蒙的工作，我也同样的表示敬意。

但特别有所感的是：老维新党所做的工作，至今还有待于我们的继续，他们所说的话，至今还有一部分是有用；这可见我们这古老的国家，进步实在慢；而顽固的守旧势力，却是如何的伟大；而老革命党虽然推翻了满清政府，而民族解放的工作，却也还不曾告了结束；反之，外来的帝国主义的压迫，更日益加甚，民族的危机也一天天的加重、加深；读了他们在二三十年前所发表的愤激的鼓励民族精神的文章，真不禁还觉得并非过时之作。

所以，这一册里有许多文章，对于我们这一个时代，还是对症之药，并非泛泛的搜集名篇佳文的一部“文选”而已。

为了要从多方面的取材，有许多已不为人所注意的晚清文集、报章及定期刊物，便不得不广泛的检读一过。在那里面，我们真可以得到不少的好文章；这些好文章是久已随了“时代”的过去而几乎成了“过去”，而为读者们所忘记了的。

假如工作者有时为他自己的工作的成就所沉醉的话，我这时的心境便是如此。我读了一遍两遍。我觉得这工作对于我自己有益；我相信对于一般读者们也会有益。

阿英先生和吴文祺先生的帮助，我永远不会忘记。阿英先生收藏晚清的作品最多。很难得的《民报》全份、《国闻报汇编》、《黄帝魂》等等，都是从他家里搬来的。

所用的若干参考书，附目于《文库》的“月报”里。我希望有两三个图书馆对于这一类的有重要性的书籍能够尽量的搜罗、收藏，不要以其“不古”而弃之。

十月三十一日

（《晚清文选》，1937年7月）

《劫中得书记》序

凤凰从灰烬里新生

金赤的羽毛更光彩灿烂

——见The Physiologus，及Herodotus（ⅱ.73），

Pliny（Nat hist. x. 2）Tacitus（Ann. ⅵ. 28）

余聚书廿十余载，所得近万种。搜访所至，近自沪滨，远逮巴黎、伦敦、爱丁堡。凡一书出，为余所欲得者，苟力所能及，无不竭力以赴之，必得乃已。典衣节食不顾也。故常囊无一文，而积书盈室充栋。每思编目备检。牵于他故，屡作屡辍。然一书之得，其中甘苦，如鱼饮水，冷暖自知。辄识诸书衣，或录载簿册，其体例略类黄荛圃藏书题跋。大抵余之收书，不尚古本、善本，唯以应用与稀见为主。孤罕之本，虽零缣断简亦收之。通行刊本，反多不取。于诸藏家不甚经意之剧曲、小说，与夫宝卷、弹词，则余所得独多。诗词、版画之书，印度、波斯古典文学之译作，亦多入庋架。自审力薄，未敢旁骛。"一·二八"淞沪之役，失书数十箱，皆近人著作。"八一三"大战爆发，则储于东区之书，胥付一炬。所藏去其半。于时，日听隆隆炮声，地震山崩，心肺为裂。机枪拍拍，若燃爆竹万万串于空瓮中，无瞬息停。午夜伫立小庭，辄睹光鞭掠空而过，炸裂声随即轰发，震耳

为聋。昼时，天空营营若巨蝇者，盘旋顶上，此去彼来。每一弹下掷，窗户尽簌簌摇撼，移时方已，对语声为所喑，哑不相闻。东北角终日夜火光熊熊。烬余焦纸，遍天空飞舞若墨蝶。数十百片随风堕庭前，拾之，犹微温，隐隐有字迹。此皆先民之文献也。余所藏竟亦同此蝶化矣。然处此凄厉之修罗场，直不知人间何世，亦未省何时更将有何变故突生。于所失，殆+淡然置之。惟日抱残余书，祈其不复更罹劫运耳。收书之兴，为之顿减。实亦无心及此也。而诸肆亦皆作结束计，无书应市。通衢之间，残书布地，不择价而售。亦有以双篮盛书，肩挑而趋，沿街叫卖者。间或顾视，辄置之，无得之之意。经眼失收者多矣。书籍存亡，同于云烟聚散。唯祝其能楚弓楚得耳。战事西移，日月失光，公私藏本被劫者渐出于市。谢光甫氏搜求最力，所得独多。余迫处穷乡，栖身之地，日缩日小；置书之室，由四而三而二；梯旁榻前，皆积书堆。而检点残藏，亦有不翼而飞者，竟不知何时失去。然私念大劫之后，文献凌替，我辈苟不留意访求，将必有越俎代谋者。史在他邦，文归海外，奇耻大辱，百世莫涤。因复稍稍过市。果得丁氏所藏《脉望馆钞校本古今杂剧》六十四册，归之国库。复于来青阁得丁氏手钞零稿数册。友人陈乃乾先生先后持明刊《女范编》、《盛明杂剧》及孙月峰朱订《西厢记》来。余竭阮囊，仅得《女范编》与《西厢记》。而于《盛明杂剧》虽酷爱之，却不果留矣。乃乾云：有李开先刊元人杂剧四种，售者索金六百。余力有未逮，竟听其他售。至今憾惜未已。中国书店收得明刊方册大字本《西厢记》，附图绝精，亦归谢氏。但于戊寅夏秋之交，余实亦得隽品不鲜。万历板《蓝桥玉杵记》，李玄玉撰《眉山秀》、《清忠谱》，程穆衡《水浒传注略》，螺冠子《咏物选》，冯梦龙《山歌》，萧尺木《离骚图》以及《宣和谱》，《芙蓉影》，《乐府名词》等，皆小品中之最精者，综计不下三十种。于奇穷极窘中有此收获，亦殊自喜。然其间艰苦，绝非纨绔子弟、达官富贾辈，斤斤于全书完阙，及版本整洁与否者，所能梦见。及今追维，如嚼橄榄，犹有余味。每于静夜展书快读，每书几若皆能自诉其被收得之故事者，盖足偿苦辛有余焉。今岁合肥李氏书，沈氏粹芬阁书散出。余限于力，仅得《元人诗集》（潘是仁刊本），《古诗类苑》，《经济类编》，《午梦堂集》，《农政全书》与万历板《皇明英烈传》等二十余种。初，有明会通馆活字本《诸臣奏议》者，由传新书店售予平贾，得九百金。而平贾载之北去，得利几三数倍。以是南来者益众，日搜括市上。遇好书，必攫以去。诸肆宿藏，为之一空。沪滨好书而有力者，若潘明训、谢光甫诸氏皆于今岁相继下世。余好书者也，而无力。有力者皆不知好书。以是精刊善本日以北，辗转流海外，诚今古图书一大厄也。每一念及，寸心如焚。祸等秦火，惨过沦散。安得好事且有力者出而挽救劫运于万一乎？昔黄黎洲保护藏书于兵火之中，道虽穷而书则富。叶林宗遇乱，藏书尽失。后居虞山，益购书，倍多于前。今时非彼时，而将来建国之业必倍需文献之供应。故余不自量，遇书必救，大类愚公移山，且将举鼎绝膑。而夏秋之际，外境日艰。同于屈子孤吟，众醉独醒。且类曾参杀人，三人成虎。忧谗畏讥，不可终日。心烦意乱，孤愤莫诉。计惟洁身而退，咬菜根，读《离骚》耳。乃发愿欲斥售藏书之一部，供薪火之资。而先所质于某氏许之精刊善本百二十余种，复催赎甚力。计子母须三千余金。不欲失之，而实一贫如洗。彷徨失措，踌躇无策。秋末，乃以明清刊杂剧传奇七十种，明人集等十余种归之国家，得七千金。曲藏为之半空。书去之日，心意惘惘。大似某氏之别宋板《汉书》，李后主之挥泪对宫娥也。然归之分藏，相见有日，且均允录副，是失而未失也。为之稍慰戚戚。立持金取得质书。自晨至午，碌碌不已。然乐之不疲。若睹阔别之契友，秋窗翦烛，语娓娓不休。摩挲数日夜，喜而忘忧。而囊有余金，结习难忘，复动收书之兴。兹所收者乃着眼于民族文献。有见必收，收得必随作题记。至冬初，所得凡八九百种。而余金亦尽。不遑顾及今后之生计何若也。但恨金少，未能尽救诸沦落之图籍耳。每念此间非藏书福地。故前后所得，皆寄庋某地某君所。随得随寄，未知何日再得展读。因整理诸书题记，汇为数册，时一省览，姑慰相思。夫保存国家征献，民族文化，其苦辛固未足埒攻坚陷阵、舍生卫国之男儿，然以余之孤军与诸贾竞，得此千百种书，诚亦艰苦备尝矣。惟得之维艰，乃好之益切。虽所耗时力，不可以数字计，然实为民族效微劳，则亦无悔！是为序。

《劫中得书记》新序

《劫中得书记》和《劫中得书续记》曾先后刊于开明书店的《文学集林》里。友人们多有希望得到单行本的。开明书店确曾排印成书，但不知何故，并没有出版。这次，到了上海，在旧寓的乱书堆里，见到这部书的纸型，也已经忘记了他们在什么时候将这副纸型送来的。殆因劫中有所讳，不能印出，遂将此纸型送到我家保存之耳。偶和刘哲民先生谈及。他说，何不在现在将它出版呢？遂将这副纸型托他送给上海古典文学出版社，看看可否印行。在我回到北京后不久，他们就来信说，想出版这部书，并将校样寄来。我仔细地把这个校样翻读了几遍，并校改了少数的“句子”和错字。像翻开了一本古老的照相簿子，惹起了不少酸辛的和欢愉的回忆。我曾经想刻两块图章，一块是“狂胪文献耗中年”，一块是“不薄今人爱古人”。虽然不曾刻成，实际上，我的确是，对于古人、今人的著作，凡稍有可取、或可用的，都是“兼收博爱”的。而在我的中年时代，对于文献的确是十分热中于搜罗、保护的。有时，常常做些“举鼎绝膑”的事。虽力所不及，也奋起为之。究竟存十一于千百，未必全无补也。我不是一个藏书家。我从来没有想到为藏书而藏书。我之所以收藏一些古书，完全是为了自己的研究方便和手头应用所需的。有时，连类而及，未免旁骛；也有时，兴之所及，便热中于某一类的书的搜集。总之，是为了自己当时的和将来的研究工作和研究计划所需的。因之，常常有“人弃我取”之举。在三十多年前，除了少数人之外，谁还注意到小说、戏曲的书呢？这一类“不登大雅之堂”的古书，在图书馆里是不大有的。我不得不自己去搜访。至于弹词、宝卷、大鼓词和明清版的插图书之类，则更是曲“低”和寡，非自己买便不能从任何地方借到的了。常常舍去大经大史和别处容易借到的书而搜访于冷摊古肆，以求得一本两本自己所需要的东西。常有藏书家们所必取的，我则望望然去而之他。像某年在上海中国书店，见到有一部明代蓝印本的《清明集》和一部清代梁廷柟的《小四梦》同时放在桌上，其价相同。《清明集》是古代的一部重要的有关法律的书，“四库”存目，外间流传极少，但我则毅然舍去之，而取了《小四梦》。以《小四梦》是我研究戏剧史所必需的资料，而《清明集》则非我的研究范围所及也。像这样舍熊掌而取鱼的例子还有不少。常与亡友马隅卿先生相见，他是在北方搜集小说、戏曲和弹词、鼓词等书的，取书共赏，相视而笑，莫逆于心，颇有“空谷足音”之感。其后，注意这类书者渐多，继且成为“时尚”，我便很少花时间再去搜集它们了。但也间有所得。坊友们往往留以待我，其情可感。遂也不时购获若干。谁都明白：文献图书是进行科学研究的必需的工具之一。过去，图书文献散在私家，奇书异本，每每视为珍秘，不轻示人。访书之举，便成为学士大夫们的经常工作。王渔洋常到慈仁寺诸书店，盛伯希、傅沅叔诸君，几无日不坐在琉璃厂古书肆里。今非昔比，大大小小的公共图书馆，研究机关、学校、专业部门的图书馆，访书之勤，不下于从前的学者们。非自己购书不可的艰辛的日子，已经一去不复返了。今天从事于科学研究者们是完全可以依靠于各式各样于图书馆而进行工作的了。访书之举，便将从此不再是专家们所应该做的工夫之一了么？不，我以为不然！我有一个坏脾气，用图书馆的书，总觉得不大痛快，一来不能圈圈点点，涂涂抹抹，或者折角划线做记号；二来不能及时使用，“急中风遇到慢郎中”，碰巧那部书由别人借走了，就只好等待着，还有其他等等原因。宁可自己去买。不知别的人有没有和我有这个同样的癖习？我还以为，专家们除了手头必备的专门、专业的大量的参考书籍之外，如有购书的癖好，却也是一个很好的癖好。有的人玩邮票，有的人收碎磁片，有的人爱打球，有的人好听戏，好拉拉小提琴或者胡琴。有的人就不该逛逛书摊么？夕阳将下，微飔吹衣，访得久觅方得之书，挟之而归，是人生一乐也！我知道，有这样癖好的人很不少。我这部《得书记》的出版，对于有访书的癖好的人，可能会有些“会心”之处。《得书记》所记的只是一时的、一地的且是一己的事。天下大矣，即就一时一地而论，所见的书，何止这些。只能说是，因小见大，可窥一斑而已。在两篇《得书记》之外，这次又新增入了附录三篇。《跋脉望馆抄校本古今杂剧》一文，在《得书记》之前写成，且也在《文学集林》上发表过。因为此文比较长，且非自己所购致的，故便不列入《得书记》里。其实，我在劫中所见、所得书，实实在在应该以这部《古今杂剧》为最重要，且也是我得书的最高峰。想想看，一时而得到了二百多种从未见到过的元明二代的杂剧，这不该说是一种“发现”么？肯定地，是极重要的一个“发现”。不仅在中国戏剧史的和中国文学史的研究者们说来是一个极重要的消息，而且，在中国文学宝库里，或中国的历史文献资料里，也是一个太大的收获。这个收获，不下于“内阁大库”的打开，不下于安阳甲骨文字的出现，不下于敦煌千佛洞抄本的发现。对于我，它的发现乃是最大的喜悦。这喜悦克服了一言难尽的种种的艰辛与痛苦，战胜了坏蛋们的诬陷。苦难是过去了。若干“患得患失”的不寐的痛苦之夜是过去了。“喜悦”却永远存在着。又摩挲了这部书几遍，还感到无限愤喜交杂！故把这篇跋收入《得书记》里印出。一九四一年之后，我离开了家，隐姓埋名，避居在上海的“居尔典路”。每天不能不挟皮包入市，以示有工作。到哪里去呢？无非几家古书肆。买不起很好的书了。但那时对于清朝人的“文集”忽然感到兴趣。先以略高于称斤论担的价钱得到若干。以后，逐渐地得到的多了，也更精了，遂写成一个目录。那篇“序”和“跋”都是在编好目录后写成的，从没有机会印出。现在，是第一次在这个“附录”里和读者们相见。又在《得书记》里，有几则文字是应该改动的。因为用的是旧纸型，不便重写，故在这里改正一下：（一）《得书记》第五十三则“至大重修宣和博古图”里，说我所得的那部“残本”是“元刊本”。这话是错的。今天看来，恐仍是明嘉靖间蒋旸的翻刻本。向来的古书肆，每将蒋序撕去，冒充作元刊本。（二）《得书记》第八十六则“陈章侯水浒叶子”里，说起，我所得的那部《水浒叶子》是黄子立的原刻本。其实，它仍是清初的翻刻本。潘景郑先生所藏的那一部才是真正的原刻本。那个本子后来也归了我。曾仔细地对看了几遍，翻刻本虽有虎贲中郎之似，毕竟光彩大逊。（三）《得书续记》第十则《琅嬛文集》里，说：张宗子的许多著作，都无较古的刻本。其实不然。近来曾见到清初刻本的《西湖梦寻》，刻得极精。其他书，恐怕也会有较早的本子，只是没有见到耳。

一九五六年八月七日郑振铎序于青岛

《蛰居散记》新序

这部《蛰居散记》的大部分是登载于上海的《周报》上的。当刚刚胜利的时候，我还是相当天真的只看到一面，虽然在写着的时候，已不断的受到压迫。我明白美帝国主义者的本质，也明白蒋匪帮的一贯的卖国行为，但我那时候还未能完全确切的看出蒋介石匪帮是美帝的代理人。一方面深诛痛恶着日本帝国主义者，描绘着八年来自己身受的痛苦，一方面却不能及时的觉醒到美帝的更为险恶与凶狠的心肠。这是值得自己深切的反省的。警觉性不够强，同时，研究问题也不够深入。且为一时的虚伪的“胜利”和很单纯的爱国主义所冲动，在那时候，恐怕不止我一个人是这样的“天真无邪”的。我们不断的受到蒋匪帮的迫害，例如删改文字，没收出版物，恐吓出版家等等，还总以为这只是蒋匪帮的罪恶，并不曾更深一层的去看透美帝指挥操纵的内幕。到了蒋匪帮大规模的发动内战，进攻解放区，美帝不断的送军火、送接济给他们，方才开始确切的认识到美帝的真面目。在那时候，我们已经没有可以发表言论的机关了。我感到痛苦，感到苦闷，感到自己过去的浅薄。这可见单有热情与正义感是绝对不够的！如果没有革命的理论的正确指导，必定会把问题或事实看成很单纯了的。现在把这部小书，重行整理了一下，印了出来，作为曝露日本帝国主义者的凶残与压迫的记录的一部分，且作为痛定思痛的纪念。同时，读者们应该更进一步的明白帝国主义者的侵略是如何的凶险与可怕，不由得不激起爱祖国的热情。作为控诉日本帝国主义者的罪状，同时也正是控诉美帝正在扶植日本帝国主义者的罪状！我们不能不提高警惕，我们不能不以全力来反抗美帝的侵略！

谢谢刘哲民先生和高季琳先生，他们替我做了一部分整理的工作，且使这部小书能够有机会出版。

一九五一年四月七日　郑振铎

《中国文学研究》序

我对于中国古典文学的研究没有什么深厚的根底。在私塾里读过《左传》，但别的经传便不能成诵了。我没有跟从过名师，只有一位黄晦闻先生是我大学里的国文教师，他教的是古文。没有给我什么影响。但我从少年时代就喜欢乱看书，特别爱看古书。象《古诗源》、《文心雕龙》、《文史通义》一类的书，都看得很起劲。记得在中学念书的时候，一位同学买到了一部刚刚出版的《古今文综》，厚厚的四套，我欣羡之极，便向他借了来，日夜的看，并将其中有关“文学批评”，即论文的部分，辑了出来，钞成“论文辑要”二册。这二册至今还保存未失，可算是少年时代的可纪念的东西了。这样地象盲人骑瞎马似的“无师自通”的研究，浪费了不少时间和力量。在对于小说、戏曲和民间文学的研究方面，尤为“独学无侣”。那时，我在上海，这一类的书是图书馆所不收的，一部部都得自己搜集起来，因此便养成了喜欢买书的习惯。后来到了北京，遇见马隅卿诸先生，方知道从事于搜集小说戏曲的，在北京还不乏同道的人们。三十多年来，我写了不少有关中国文学的论文，尤以有关小说、戏曲研究的为多。但限于学力，许多问题，都没有深入地探究过，且受了从西方输入的“进化论”的影响，也想在文学研究方面运用这样的“进化论”的观念。所以，过去所写的许多篇论文，在今天看来，都是值得重新考虑，值得加以批判的。一九三〇年以后所写的东西，比较地有些新的观点，象《元明之际文坛概观》、《元代公案剧产生的原因及其特质》、《净与丑》等篇，虽然不免有些偏激，甚至有些“借题发挥”，但倾向是好的。我曾经把这些论文，编成了五本集子：《中国文学论集》出版于一九二九年，《佝偻集》出版于一九三四年，《短剑集》出版于一九三六年，《困学集》出版于一九四〇年。还有一部《秋水集》，已经编好交给书店，但它始终不曾出版。此外，没有收入这几个集子的文章也还有不少篇。现在，把这五个集子里所收的，和在这五个集子以外的有关中国文学的论文，一共有八十多篇，编为这个新的集子：“中国文学研究”，重行印出。这个集子共分为六卷。第一卷是古代文学研究，以有关《诗经》的论文为主，而附以《民族文话》。第二卷是小说研究，以《水浒传》、《三国志演义》、《金瓶梅词话》、《西游记》、《岳传》及“三言”、“二拍”等的文章为主。第三卷是戏曲研究，以有关元代杂剧、《西厢记》以及《词林摘艳》、《琵琶记》等的文章为主，并附《缀白裘索引》。第四卷是词、曲与民间文学研究，以有关词、散曲、民歌、变文、宝卷、弹词与民间故事等的论文为主。这里边有好几篇文章的观点是互相矛盾的（象讨论大众文学的几篇），但“过而存之”，亦足以见自己思想的进展。第五卷是中国文学杂论，包括若干有关中国文学研究的方向、方法，和文学遗产的问题，及有关林琴南、梁任公的研究等论文。第六卷是中国文学新资料的发现，包括《巴黎国家图书馆中之中国小说与戏曲》、《记一九三三年间的古籍发现》和《三十年来中国文学新资料发现记》三篇。这样地重加整理一下，对于需要参考这些文章的读者们是颇为有用的，特别是，那几部集子都已经绝版了。还有若干篇，因为一时找不到底稿，只好暂时不收入这个集子里了。在这里，可以看出，在过去的黑暗时代里，寻找“资料”，是多末艰苦，简直有点象唐僧取经似的。一旦得之，便大为开朗，如果得不到，便黑漆一团，症结就打不开。这和今天的搜集资料，无往不获的情况比较起来，今天的专家们，和即将成为专家的青年们，实在是太幸运了。我的这些文章，表现了我的那些探索的历程。作为专家们的参考，当不会是完全无用的吧。

一九五六年八月二十六日郑振铎序于青岛

《求书日录》序

如果能够尽一分力，必会有一分的成功。我十分相信这粗浅的哲学。只要肯尽力，天下没有不能成功的事。我梦想着要读到钱遵王（《也是园书目》）里所载许多元明杂剧。我相信这些古剧决不会泯没不见于人间。他们一定会传下来，保存在某一个地方，某一个藏家手里。他们的精光，若隐若现的直冲斗牛之间。不可能为水、为火、为兵所毁灭。我有辑古剧本为《古剧钩沉》之举，积稿已盈尺许。惟因有此信念，未敢将此“辑逸”之作问世。后来读到丁芝孙先生在《北平图书馆月刊》里发表的《也是园所藏元明杂剧跋》，我惊喜得发狂！我的信念被证明是确切不移的了！这些剧本果然尚在人间！我发狂似的追逐于这些剧本之后。但丁氏的跋文，辞颇隐约，说是读过了之后，便已归还于原主旧山楼主人。我托人向常熟打听，但没有一丝一毫的踪影。又托人向丁氏询访，也是不得要领。难道这些剧本果然象神龙一现似的竟见首不见尾了么？“八·一三”战役之后，江南文献，遭劫最甚。丁氏亦已作古。但我还不死心，曾托一个学生向丁氏及赵氏后人访求。而赵不骞先生亦已于此役殉难而死。二家后人俱不知其究竟。不料失望之余，无意中却于来青阁书庄杨寿祺君那里，知道这些剧本已于苏州地摊上发现。我极力托他购致。

虽然那时，我绝对地没有购书的能力，但相信总会有办法的。隔了几天，杨君告诉我说，这部书凡订三十余册，首半部为唐某所得，后半部为孙伯渊所得，都可以由他设法得到。我再三地重托他。我喜欢得几夜不能好好的睡眠。这恐怕是近百年来关于古剧的最大最重要的一个发现罢。杨君说，大约唐君的一部分，有一千五百金便可以购致，购得后，再向孙君商议，想来也不过只要此数。我立刻作书给袁守和先生，告诉他有这末一会事，且告诉他只要三千金。他和我同样的高兴，立刻复信说，他决定要购致。我立刻再到来青阁去，问他确信时，他却说，有了变卦了。我心里沉了下去。他说，唐君的半部，已经谈得差不多，却为孙伯渊所夺去。现在全书俱归于孙，他却要“待价而沽”，不肯说数目。说时，十分的懊丧。我也十分的懊丧。但仍托他向孙君商洽，也还另托他人向他商洽。孙说，非万金不谈。我觉得即万金也还不算贵。这些东西如何能够以金钱的价值来估计之呢！立刻跑到袁君的代表人孙洪芬先生那里去说明这事。他似乎很有点误会，说道：书价如此之昂，只好望洋兴叹矣。我一面托人向孙君继续商谈，一面打电报到教育部去。在这个国家多难、政府内迁之际，谁还会留意到文献的保全呢？然而教育部立刻有了回电，说教部决定要购致。这电文使我从失望里苏生。我自己去和孙君接洽，结果，以九千金成交。然而款呢？还是没有着落。而孙君却非在十几天以内交割不可。我且喜且惧地答应了下来。打了好几个电报去。款的汇来，还是遥遥无期。离开约定的日子只有两三天了！我焦急得有三夜不曾好好的睡得安稳。只有一条路，向程瑞霖先生告贷。他一口答应了下来，笑着说道：看你几天没有好睡的情形，我借给你此款吧。我拿了支票，和翁率平先生坐了车同到孙君处付款取书。当时，取到书的时候，简直比攻下了一个名城，得到了一个国家还要得意！我翻了又翻。看了又看，慎重地把这书捧回家来。把帽子和大衣都丢了，还不知道。至今还不知是丢在车上呢，还是丢在孙家。这书放在我的书房里有半年，我为它写了一篇长文，还和商务印书馆订了合同，委托他们出版。现在印行的《孤本元明杂剧》一百余剧，便是其中的精华。我为此事费尽了心力，受尽了气，担尽了心事，也受尽了冤枉，然而，一切都很圆满。在这样的一个动乱不安的时代，我竟发现了、而且保全了这末重要、伟大的一部名著，不能不自以为踌躇满志的了！中国文学史上平添了一百多本从来未见的元明名剧，实在不是一件小事！我们政府的魄力也实在可佩服！在这末军事倥偬的时候还能够有力及此，可见我民族力量之惊人！但也可见"有志者事竟成"，实在不是一句假话。但此书款到了半年之后方才汇来，程先生竟不曾催促过一声，我至今还感谢他！他今日墓木已拱，不知究竟有见到这书的印行与否。应该以此书致献于他的灵前，以告慰于他！呜呼！季札挂剑，范张鸡黍，千金一诺，岂足以比程先生之为国家民族保存国宝乎！

这是我为国家购致古书的开始。虽然曾经过若干的波折，若干的苦痛，受过若干的诬蔑者的无端造谣，但我尽了这一分力，这力量并没有白费；这部不朽的弘伟的书，隐晦了近三百年，在三百年后的今日，终于重现于世，且经过了那末大的浩劫，竟能保全不失，不仅仅保全不失，且还能印出问世，这不是一个奇迹么！回想起来，还有些"传奇"的意味，然而在做着的时候，却是平淡无奇的。尽了一分力，为国家民族做些什么，当然不能预知有没有成绩。然而那成绩，或多或少，总会有的，有时且出于意外的好。我这件事便是一个例子。

“但管耕耘，莫问收获。”

我今日看到这一堆的书，摩挲着，心里还十分的温暖，把什么痛苦，什么诬蔑的话都忘记得干干净净。为了这末一部书吃些苦，难道不值得么？

“狂胪文献耗中年”，龚定庵的这一句话，对于我是足够吟味的。从“八·一三”以后，足足的八年间，我为什么老留居在上海，不走向自由区去呢？时时刻刻都有危险，时时刻刻都在恐怖中，时时刻刻都在敌人的魔手的巨影里生活着，然而我不能走。许多朋友们都走了，许多人都劝我走，我心里也想走，而想走不止一次，然而我不能走。我不能逃避我的责任。我有我的自信力。我自信会躲过一切灾难的。我自信对于“狂胪文献”的事稍有一日之长。前四年，我耗心力于罗致、访求文献，后四年——“一·二八”以后——我尽力于保全、整理那些已经得到的文献。我不能把这事告诉别人。有一个时期，我家里堆满了书，连楼梯旁全都堆得满满的。我闭上了门，一个客人都不见。竟引起不少人的误会与不满。但我不能对他们说出理由来。我所接见的全是些书贾们。从绝早的早晨到上了灯的晚间。除了到暨大授课的时间以外，我的时间全耗于接待他们，和他们应付着，周旋着。我还不曾早餐，他们已经来了。他们带了消息来，他们带了“头本”来，他们来借款，他们来算账。我为了求书，不能不一一的款待他们。有的来自杭州，有的来自苏州，有的来自徽州，有的来自绍兴、宁波，有的来自平、津，最多的当然是本地的人。我有时简直来不及梳洗。我从心底里欢迎他们的帮助。就是没有铺子的掮包的书客，我也一律的招待着。我深受黄丕烈收书的方法的影响。他曾经说过，他对于书船到的时候，即使没有自己想要的东西，也要选购几部，不使他们失望，以后自会于无意中有惊奇的发见的。这是千金买马骨的意思。我实行了这方法，果然有奇效。什么样的书都有送来。但在许多坏书、许多平常书里，往往夹杂着一二种好书、奇书。有时十天八天，没有见到什么，但有时，在一天里却见到十部八部乃至数十百部的奇书，足以偿数十百日的辛勤而有余。我不知道别的人有没有这种经验：摩挲着一部久佚的古书，一部欲见不得的名著，一部重要的未刻的稿本，心里是那末温热，那末兴奋，那末紧张，那末喜悦。这喜悦简直把心腔都塞满了，再也容纳不下别的东西。我觉得饱饱的，饭都吃不下去。有点陶醉之感。感到亲切，感到胜利，感到成功。我是办好了一件事了！我是得到并且保存一部好书了！更兴奋的是，我从劫灰里救全了它，从敌人手里夺下了它！我们的民族文献，历千百劫而不灭失的，这一次也不会灭失。我要把这保全民族文献的一部分担子挑在自己的肩上，一息尚存，决不放下。我做了许多别人认以为傻的傻事。但我不灰心，不畏难的做着，默默地躲藏的做着。我在躲藏里所做的事，也许要比公开的访求者更多更重要。每天这样的忙碌着，说句笑话，简直有点象周公的一饭三吐哺，一沐三握发。有时也觉得倦，觉得劳苦，想要安静的休息一下，然而一见到书贾们的上门，便又兴奋起来，高兴起来。这兴奋，这高兴，也许是一场空，他们所携来的是那末无用、无价值的东西，不免感到失望，而且失望的时候是那末多，然而总打不断我的兴趣。我是那末顽强而自信的做着这事。整整的四个年头，天天过着这样的生活。这紧张的生活使我忘记了危险，忘记了威胁，忘记了敌人的魔手的巨影时时有罩笼下来的可能。为了保全这些费尽心力搜罗访求而来的民族文献，又有四个年头，我东躲西避着，离开了家，蛰居在友人们的家里，庆吊不问，与人世几乎不相往来。我绝早的起来，自己生火，自己烧水，烧饭，起初是吃着罐头食物，后来，买不起了，只好自己买菜来烧。在这四年里，我养成了一个人的独立生活的能力，学会了生火，烧饭，做菜的能力。假如有人问我：你这许多年躲避在上海究竟做了些什么事？我可以不含糊的回答他说：为了抢救并保存若干民族的文献工作，没有人来做，我只好来做，而且做来并不含糊。我尽了我的一分力，我也得到了这一分力的成果。在头四年里，以我的力量和热忱吸引住南北的书贾们，救全了北自山西、平津，南至广东，西至汉口的许多古书与文献。没有一部重要的东西曾逃过我的注意。我所必须求得的，我都能得到。那时，伪满的人在购书，敌人在购书，陈群、梁鸿志在购书，但我所要的东西决不会跑到他们那里去。我所拣剩下来的，他们才可以有机会拣选。我十分感谢南北书贾们的合作。但这不是我个人的力量，这乃是国家民族的力量。书贾们的爱国决不敢后人。他们也知道民族文献的重要，所以不必责之以大义，他们自会自动的替我搜访罗致的。只要大公无私，自能奔走天下。这教训不单用在访求古书这一件事上面的吧。

我的好事和自信力使我走上了这“狂胪文献”的特殊的工作

的路上去。

我对于书，本来有特癖。最初，我收的是西洋文学一类的书；后来搜集些词曲和小说，因为这些都是我自己所喜爱的；以后，更罗致了不少关于古代版画的书册。但收书范围究竟很窄小，且因限于资力，有许多自己喜爱的东西，非研究所必需的，便往往割爱不收。“非不为也，是不能也”。

现在，有了比自己所有的超过千倍万倍的力量，自可“指挥如意”的收书了。兴趣渐渐地广赜，更广赜了；眼界也渐渐地阔大，更阔大了。从近代刊本到宋元旧本，到敦煌写经卷子，到古代石刻，到钟鼎文字，到甲骨文字，都感到有关联。对于抄校本的好处和黄顾（黄荛圃、顾千里）细心校勘特点，也渐渐地加以认识和尊重。我们曾经有一颗长方印“不薄今人爱古人”，预备作为我们收来的古书、新书的暗记。这是适用于任何图籍上的，也表明了我们的态度：“不薄今人爱古人。”对于一个经营图书馆的人，所有的图书，都是有用的资材：一本小册子，一篇最顽固、反动的论文，也都是“竹头木屑”，用到的时候，全都能发生价值。大概在这一点上，我们与专门考究收藏古本善本的，专门收藏抄校本，或宋元本，或明刊白绵纸本，或清殿板，或清开花纸书的人有所不同。他们是收藏家。我们替国家图书馆收书却需有更广大、更宽恕、更切用的眼光，图书馆的收藏是为了大众的及各种专家们的。但收藏家却只是追求于个人的癖好之后。所以我为自己买书的时候，也只是顾到自己的癖好，不旁骛，不杂取，不兼收并蓄，但为图书馆收书时，情形和性质便完全不同了。

这使我学习到不少好的习惯和广大的见解，也使我对于过去从未注意到或不欲加以研究的古代书册，开始得到些经验和知识。

若干雕镂精工的宋刊本，所谓纸白如玉，墨若点漆的，曾使我沉醉过；即所谓麻沙本，在今日也是珍重异常，飘逸可爱。元刊本，用赵松雪体写的，或使用了不少简笔字、破体字的民间通俗本，也同样的使我觉得可爱或有用。

明刊本所见最多，异本奇书的发见也最多。嘉靖以前刊本，固然古朴可喜，即万历以下，特别是天启、崇祯间的刊本，曾被列入清代禁书目录的，那一部不是国之瑰宝，那一部不是有关民族文献或一代史料的东西！

清初刊本，在禁书目录里的，固然可宝贵，即嘉道刊本，经洪杨之乱，流传绝罕的，得其一帙，也足以拍案大叫，浮白称快！

即民国成立以来，许多有时间性的报章，杂志，我也并不歧视之。其间有不少东西至今对于我们还可以有参考的价值。

至于柳大中以下的许多明抄校本，钱遵王、陆敕先辈之批校本，为先民贤哲精力之所寄的，却更足以使我摩挲不已，宝爱不忍释手了。

可惜收书的时间太短促，从二十九年（1940年）的春天开始，到了三十年（1941年）的冬初，即“十二月八日”太平洋战争爆发后，即告结束，前后不过两年的工夫。但在这两年里，我们却抢救了、搜罗了很不少的重要文献。在这两年里，我们创立了整个的国家图书馆。虽然不能说“应有尽有”，但在“量”与“质”两方面却是同样的惊人，连自己也不能相信竟会有这末好的成绩！

说是“抢救”，那并不是虚假的话。如果不是为了“抢救”，在这国家存亡危急的时候，我们如何能够再向国家要求分出一部分——虽然是极小的一部分——作战的力量来作此“不急之务”呢？

我替国家收到也是园旧藏元明杂剧，是偶然的事；但这“抢救”民族文献的工作，却是有计划的、有组织的。为什么在这时候非“抢救”不可呢？

“八·一三”事变以后，江南藏书家多有烬于兵火者。但更多的是，要出售其所藏，以赡救其家属。常熟瞿氏“铁琴铜剑楼”燹矣，楼中普通书籍，均荡然一空，然其历劫仅存之善本，固巍然犹存于上海。苏州“滂喜斋”的善本，也迁藏于沪，得不散失。然其普通书也常被劫盗。南浔刘氏嘉业堂，张氏适园之所藏，均未及迁出，岌岌可危。常熟赵氏旧山楼及翁氏、丁氏之所藏，时有在古书摊肆上发现。其价极奇廉，其书时有绝佳者。南陵徐氏书，亦有一部分出而易米，一时上海书市，颇有可观。而那时购书的人是那末少！谢光甫君是一个最热忱的收藏家，每天下午必到中国书店和来青阁去坐坐，几乎是风雨无阻。他所得到的东西似乎最多且精。虽然他已于数年前归道山，但他的所藏至今还完好不缺。这是一个很重要的书库，值得骄傲的。我也常常到书店里去，但所得都为“奇零”，且囿于小说、戏曲的一隅。张尧伦、程守中诸位也略有所得，但所得最多者却是平贾们。他们辇载北去，获利无算。闻风而至者日以多。几乎每一家北平书肆都有人南下收书。在那个时候，他们有纵横如意、垄断南方书市之概。他们往往以中国书店为集中的地点。一包包的邮件，堆得象小山阜似的。我每次到了那里，总是紧蹙着双眉，很不高兴。他们说某人得到某书了。我连忙去追踪某人，却答道，已经寄平了，或已经打了包了。寄平的，十之八九不能追得回来，打了包的有时还可以逼着他们拆包寻找。但以如此方法，得到的书实在寥寥可数，且也不胜其烦。他们压根儿不愿意在南方售去。一则南方书价不高，不易得大利；二则我们往往知道其来价，不易“虎”人，索取高价；三则他们究竟以平肆为主，有好书去，易于招揽北方主顾。于是江南的图籍，便浩浩荡荡的车载北去。我一见到他们，便觉得有些触目伤心。虽然我所要的书，他们往往代为留下，但我的力量是那末薄弱，我所要的范围，又是那末窄小，实在有类于以杯水救车薪，全不济事。而那两年之间，江南散出去的古籍，又是那末多，那末齐整，那末精好，而且十分的廉价。徐积余先生的数十箱清人文集，其间罕见本不少，为平贾扫数购去，打包寄走。常熟翁氏的书，没有一部不是难得之物，他们也陆续以低价得之。忆有《四库底本》一大堆，高及尺许，均单本者，为修绠堂孙助廉购去。后由余设法追回，仅追得其“糟粕”十数本而已。沈氏粹芳阁的书散出，他们也几乎网罗其全部精英，我仅得其中明刊本《皇明英烈传》等数种耳。又有红格抄本《庆元条法事例》，甚是罕见，亦为他们得去。他们眼明手快，人又众多，终日蟠据汉口路一带，有好书必为其所夺去。常常觉得懊恼异常。而他们所得售之谁何人呢？据他们的相互传说与告诉，大约十之六七是送到哈佛燕京学社和华北交通公司去，以可以得善价也。偶有特殊之书，乃送到北方的诸收藏家，像傅沅叔、董绶经、周叔弢那里去。殿板书和开花纸的书则大抵皆送到伪“满洲国”去。我觉得：这些兵燹之余的古籍如果全都落在美国人和日本人手里去，将来总有一天，研究中国古学的人也要到外国去留学。这使我异常的苦闷和愤慨！更重要的是，华北交通公司等机关，收购的书，都以府县志及有关史料文献者为主体，其居心大不可测。近言之，则资其调查物资，研究地方情形及行军路线；远言之，则足以控制我民族史料及文献于千百世。一念及此，忧心如捣！但又没有“挽狂澜”的力量。同时，某家某家的书要散出的消息，又天天在传播着。平贾们也天天钻门路，在百计营谋。我一听到这些消息，便日夜焦虑不安，亟思“抢救”之策。我和当时留沪的关心文献的人士，象张菊生、张咏霓、何柏丞、张凤举诸先生，商谈了好几次。我们对于这个“抢救”的工作，都觉得必须立刻要做！我们干脆地不忍见古籍为敌伪所得，或大量的“出口”。我们联名打了几个电报到重庆。我们要以政府的力量来阻止这个趋势，要以国家的力量来“抢救”民族的文献。

我们的要求，有了效果。我们开始以国家的力量来做这“抢救”的工作。

这工作做得很秘密，很成功，很顺利，当然也免不了有很多的阻碍与失望。其初，仅阻挡住平贾们不将江南藏书北运，但后来，北方的古书也倒流到南方来了。我们在敌伪和他国人的手里夺下了不少异书古本。

“八·一三”后的头两年。我以个人的力量来罗致我自己所需要的图书，但以后两年，却以国家的力量，来“抢救”许许多多的民族文献。

我们既以国家的力量，来做这“抢救”文献的工作，在当时敌伪的爪牙密布之下，势不能不十分的小心秘密，慎重将事。我们想用私人名义或尚可公开的几个学校，象暨大和光华大学的名义购书。我们并不想“求”书，我们只是“抢救”。原来的目的，注重在江南若干大藏书家。如果他们的收藏，有散出的消息，我们便设法为国家收购下来，不令其落于书贾们和敌伪们的手中。我们最初极力避免与书贾们接触。怕他们多话，也怕有什么麻烦。但书贾们的消息是最灵通的，他们的手段也十分的灵活。当我们购下苏州玉海堂刘氏的藏书，又购下群碧楼邓氏的收藏之后，他们开始骚动了。这些家的收藏，原来都是他们“逐鹿”之目标，久思染指而未得的。在这几年中，江南藏书散出者，尚未有象这两批那末量多质精的。他们知道力不足以敌我们，特别是平贾们，也知道在江南一带已经不能再得到什么，便开始到我家里走动，不时的携来些很好、很重要的“书样”。我不能不“见猎心喜”，有动于中。和咏霓、柏丞二先生商量了若干次，我们便决定也收留些书贾们的东西。

这一来，书贾们便一天天的来得多，且来的更多了。我家里的“样本”堆得好几箱。时时刻刻要和咏霓、菊生、柏丞诸先生相商，往来的信札，叠起来总有一尺以上高。这些信札，我在“一·二八”以后，全都毁去，大是可惜。惟我给咏霓先生的信札，他却为我保存起来。——我本来是一个“好大喜功”的人，收书的范围越来越广。所收的书，越来越多。往往弄得拮据异常。我殚心竭力地在做这件事，几乎把别的什么全都放下了，忘记了。我甚至忘记了为自己收书。我的不收书，恐怕是二十年来所未有的事。但因为有大的目标在前，我便把“小我”完全忘得干干净净。我觉得国家在购求搜罗着，和我们自己在购求搜罗没有什么不同。藏之于公和藏之于己，其结果也没有什么不同。我自己终究可以见到，读到的。更可喜悦的是，有那末多新奇的书，精美的书，未之前见的书，拥挤到一块来，我自己且有眼福，得以先睹为快。我是那末天真地高兴着，那么一股傻劲的在购求着，虽然忙得筋疲力尽也不顾。咏霓先生的好事和好书之心也不下于我。我们往往是高高兴兴地披阅着奇书异本，不时的一同拍案惊喜起来！在整整两年的合作里，我们水乳交融，从来没有一句违言，甚至没有一点不同的意见。咏霓先生不及看“升平”而长逝，我因为环境关系，竟不能抚棺一恸！抱憾终生！不忍见我们所得的“书”！谨以此“日录”奉献给咏霓先生，以为永念！

我们得到了玉海堂、群碧楼二藏书后，又续得嘉业堂明刊本一千二百余部。这是徐森玉先生和我，耗费了好几天工夫从刘氏所藏一千八百余部明刊本里拣选出来的。一举而获得一千二百部明本，确是空前未有之事。本来要将嘉业堂藏书全部收购，一以分量太多，庋藏不易；二则议价未谐，不如先撷取其精华。这些书最初放在我家里，简直无法清理，堆得“满坑满谷”的，从地上直堆到天花板，地上更无隙地可以容足。我们曾经把它们移迁到南京路科发药房堆栈楼上。因为怕不谨慎，又搬了回来。后来科发堆栈果被封闭，幸未受池鱼之殃。——虽然结果仍不免于被劫夺。

蕴辉斋张氏，风雨楼邓氏，海盐张氏，和涉园陶氏的一部分残留在沪的藏书，也均先后入藏。从南北各地书贾们手中所得到的，也有不少的东西。

最后，南浔适园张氏藏书，亦几经商洽而得全部收归国有，除了一部分湖州的乡邦文献之外。这一批书，数量并不太多，只有一千余部，但精品极富，仅黄荛圃校跋的书就在一百种左右。

这时，已近于“一·二八”了，国际形势，一天天的紧张起来。上海的局面更一天天的变坏下去。我们实在不敢担保我们所收得的图书能够安全的庋藏。不能不作迁地为良之计。首先把可列入“国宝”之林的最珍贵古书八十多种，托徐森玉先生带到香港，再由香港用飞机运载到重庆去。这事，费尽了森玉先生的心与力，好容易才能安全的到了目的地。国立中央图书馆接得这批书之后，曾开了一次展览会，听说颇为耸动一时。其余的明刊本、抄校本等，凡三千二百余部，为我们二年来心力所瘁者，也都已陆续的从邮局寄到香港大学，由亡友许地山先生负责收下，再行装箱设法运到美国，暂行庋藏。这个打包邮寄的工作，整整地费了我们近两个月的时间。叶玉虎先生在香港方面也尽了很大的力量。他在港、粤所收得的书也加入其中。

不料刚刚装好箱，而珍珠港的炮声响了，这一大批重要的文献，图书，便被沦陷于香港了。至今还未寻找到它们的踪迹，存亡莫卜，所在不明。这是我最为疚心的事，也是我最为抱憾、不安的事！

我们费了那末多心力所搜集到的东西，难道竟被毁失或被劫夺了么？

我们两年间辛苦勤劳的所得难道竟亡于一旦么?

我们瘁心劳力从事于搜集，访求，抢救的结果，难道便是集合在一处，便于敌人的劫夺与烧毁么?

一念及此，便捶心痛恨，自怨多事。假如不寄到香港去，也许可以仍旧很安全的保全在此地吧?假如不搜集拢来，也许大部分的书仍可楚弓楚得，分藏于各地各收藏家手里吧?

这个“打击”实在太厉害了!太严重了!我们时时在打听着，在访问着;然而毫无消息。日本投降，香港接收之后，经了好几次的打听，访问，依然毫无踪影。难道果真完全毁失了，沉没了么?但愿是依然无恙的保存在某一个地点!但愿不沉失于海洋中!但愿能够安全的被保存于香港或日本的某一个地方，我不相信这大批的国之瑰宝便会这样的无影无踪地失去!我祷求它们的安全!

今日翻开了那寄港书的书目，厚厚的两册，每一部书都有一番收购的历史;每一部书都使我感到亲切，感到羞歉，感到痛心!他们使我伤心落泪，使我对之有莫名的不安与难过!为什么要自我得之，复自我失之呢?

虽然此地此时还保存着不少的足以骄傲的东西，还有无数的精品、善本乃至清代刊本，近代文献，然而总觉得失去的那一批实在太可惜太愧对之了!我们要竭全力以寻访之，要“上穷碧落下黄泉”的寻访之!

政府正在组织一个赴日调查文物的团体，我希望这团体能够把这一批书寻到一个下落——除非得到了他们的下落，我的心永远是不能安宁的!

“一·二八”后，我们的工作不能不停止。一则经济的来源断绝；二则敌伪的力量已经无孔不入，决难允许象我们这样的一个组织有存在可能；三则，为了书籍及个人的安全计，我不能不离开了家，我一离开，工作也不能不随之而停顿了。

那时我们还不知道香港的消息如何，我们还在希望香港的书已经运了出去，但又担心着中途的沉失与被扣留。而同时存沪的书却不能不作一番打算。“一·二八”后的一个星期内，我每天都在设法搬运我家里所藏的书。一部分运藏到设法租得之同弄堂的一个医生家里；一部分重要的宋、元刊本、抄校本，则分别寄藏到张乾若先生及王伯祥先生处。所有的帐册、书目等等，也都寄藏到张、王二先生处。比较不重要的帐目、书目，则寄藏于来薰阁书店。又有一小部分古书，则寄藏于张芹伯先生和张葱玉先生叔侄处。整整忙碌了七八天，动员我家里的全体的人，连孩子们也在内，还有几位书店里的伙友们，他们无时无刻不在忙碌地搬着运着，为了避免注意，不敢用搬场车子，只是一大包袱，一大包袱的运走。因此，搬运的时间更加拖长。我则无时无刻，不在担心着，生怕中途发生了什么阻碍。直等到那几个运送的人平安的归来了，方才放下心头上的一块石，这样，战战兢兢地好容易把家里的书运空，方才无牵无挂地离开了家。

这时候，外面的空气越来越恐怖，越来越紧张，已有不少的友人被逮捕了去，我乃不能不走。我走的时候是十二月十六日。我没有确定的计划，我没有可住的地方，我没有敷余的款子。——我所有的款子只有一万元不到，而搬书已耗去二千多。——从前暂时躲避的几个戚友处，觉得都不大妥，也不愿牵连到他们，只随身携带着一包换洗的贴身衣衫和牙刷毛巾，茫茫的在街上走着。那时，爱多亚路、福煦路以南的旧法租界，似乎还比较的安静些，便无目的向南走去。这时候我颇有殉道者的感觉，心境惨惶，然而坚定异常。太阳很可爱的晒着，什么都显得光明可喜，房屋、街道、秃顶的树、虽经霜而还残存着绿色的小草，甚至街道上的行人、车辆、乃至蹲在人家门口的猫和狗，都觉得可以恋恋。谁知道明天或后天，能否再见到这些人物或什么的呢！

我走到金神父路，想到了张耀翔先生的家。我推门进去，他和他的夫人程俊英女士，十分殷勤的招待着；坚留着吃饭和住宿，我感动得几乎哭了出来。在他那里住了一宿。但张先生是我的同事，我不能牵惹到他。第二天一清早，便跑到张乾若先生处，和他商量。乾若先生一口气答应了下来，说，食宿的事，由他负责。约定黄昏的时候，再来一趟，由他找一个人带我去汝林路住下。我再到张宅，取了那个小包袱，还借了一部铅印的《杜工部诗集》，辞别了他们，他们还坚留着我多住若干时日。我不能不辞谢了。说不出什么感激的话。那天下午在乾若先生那里，和他商定了改姓易名的事，和将来的计划。他给我以许多肯定而明白的指示。到了薄暮的时候，汝林路的房主人邓芷灵先生和夫人来了。匆匆地介绍一下，他们便领我到寓所那里去。电灯已经亮了，我随着走了不少不熟悉的路，仿佛走得很久，方才到了他们那里。床铺和椅桌都已预先布置好。芷灵先生年龄已经很大，爽直而殷勤，在灯下谈了好些话，直到我连打了好几次的呵欠。那一夜，我做了不少可怕的梦，甚至连汽车经过街上，也为之惊慌起来。

第二天，我躲在房里读杜诗，并且摘录好几首出来。笔墨砚纸等也是向张家借得的。

过了几天，心里渐渐安定了下来，又到外面去走走，然而总不敢走到熟悉的人家去，只打了一个电话回家说是“平安”而已。这样的便和“庙弄”的家不相往来！直到我祖母故世的时候，方才匆匆的再回来一趟，又匆匆的走了，一直在外面住了近四年的时候。

在这四年之间，过的生活很苦，然而很有趣。我从没有过这样的生活过。前几次也住到外面过，但只是短时期的，也没有这次那末觉得严重过。有时很惊恐，又有时觉得很坦然。有一天清晨，我走出大门，看见弄口有日本宪兵们持枪在站岗。我心里似被冰块所凝结，但又不能退回去，只好假装镇定的走了出去，他们并没有注意。原来他们在南头的一个弄堂里搜查着，并不注意到我们这一弄。又有一夜，听见街上有杂沓的沉重的皮鞋声，夹杂着兽吼似的叫骂声，仿佛是到了门口，但提神停息以听时，他们又渐渐地走过了，方才放心下来。有时，似觉得有人在后面跟着，简直不敢回过头去。有时，在电车或公共汽车上，有人注意着时，我也会连忙地在一个不相干的站头上跳了下去，我换了一身中装，有时还穿着从来不穿的马褂，眼镜的黑边也换了白边。不敢在公共地方出现，也不敢参与任何的婚、丧、寿宴。

我这样的小心的躲避着，四年来如一日，居然能够躲避得过去，而且在躲避的时候，还印行了两辑的《中国版画史图录》，有一百二十本的《应览堂丛书》，十二本的《长乐郑氏影印传奇第一集》和十二本的《明季史料丛书》，这不能不说是“天幸”！

虽然把旧藏的明刊本书、清刊的文集以及《四部丛刊》等书，卖的干干净净，然而所最喜爱的许多版画书、词曲、小说、书目，都还没有卖了去，正想再要卖出一批版画书而在恋恋不舍的时候，“天亮”的时间却已经到了。如果再晚二三个月“天亮”的话，我的版画书却是非卖出不可的。

在这悠久的四个年头里，我也曾陆续的整理了不少的古书，写了好些跋尾。我并没有十分浪费这四年的蛰居的时间。

在这悠久的四个年头里，我见到、听到多少可惊可愕可喜可怖的事。我所最觉得可骄傲者，便是到处都是温热的友情的款待，许多友人们，有的向来不曾见过面的，都是那末热忱的招呼着，爱护着，担当着很大的干系；有的代为庋藏许多的图书，占据了那末多可宝贵的房间，而且还担当着那末大的风险。

在这些友人们里，我应该个个的感谢他们，永远地不能忘记他们，特别是张乾若先生和夫人，王伯祥先生，张耀翔先生和夫人，王馨迪先生和夫人！有一个时候，那位医生有了危险，不能不把藏在那里的书全都搬到馨迪先生家里去！张叔平先生，张葱玉先生，章雪村先生等等，他们都是那末恳挚地帮助着我，几乎是带着“侠义”之气概。如果没有他们的有力的帮助，我也许便已冻馁而死，我所要保全的许许多多的书也许便都要出危险，发生问题。

我也以这部《日录》奉献给他们，作为一个患难中的纪念。

我这部《日录》，只是从“日记”中摘录出来的。无关于“求书”的事的，便不录出。虽然只是“书”的事，却也不少可惊可愕可喜可悲的若干故事在着。读者们对于古书没有什么兴趣的，也许对之也不会有什么兴趣。且我只写着两年间的“求书”的经过，——从二十九年（1940年）正月初到三十年（1941年）十二月初——有事便记，无事不录。现在还不知道能写到多少。说不定自己觉得不必再写，或者读者们觉得不必再看下去了时，我便停止了写。

《天竺灵签》跋

一九三〇年前后，我在北京教书，大收明、清版画书，并旁及有插图的古书。三四年之间，所获甚多。间亦得元明之间的刊本。但宋版的木刻画，则绝未一遇。适某寺（法源寺）的“佛脏”里的藏经，为僧侣们所“钩取”出售。单刊本的佛道经乃得大量出现于书肆。那些经卷多数是附有插图的，或上图下文，（有如宋版的《列女传》）或文中插图。至“扉画”，则更是卷卷有之的了。但亦仅在此一时期出现过一次，有如昙花一现，以后，这一类经卷便不再看见了。我在那个时期，有见必收。初仅得明代中期的刊本，后乃渐见明初乃至金、元之间的版本。盖“佛脏”中之经卷，本非同时之物。佛像每经装修一次，则必加入新刊的经卷若干。时代越早，则越在下面。故其最下层，乃是最古之物。其中，有明洪武（一三六八至一三九八年）刊本的《天竺灵签》一书，亦为我所得。它是小型的折本，用粗厚的黄纸，两面印（洪武时代的佛道经，多有这样刷印的）。每一签均附有一幅插图。但其插图却极为简率，人物图象，仅具有依稀仿佛的“形体”而已，完全谈不到脸部表情和躯体动作。我们所见到的宋元以来的许多小型版画，从来没有像它似的如此粗糙、拙陋的。当然，在清代的晚期，像那样的似出于儿童的手笔的简陋不堪，甚至不成“形体”的插图，也还时有出现（像同、光版的《三国志演义》插图等）。但在我们的整个版画史上，那样的“堕落”时期是不多的，甚至是很短暂的，而且是在很个别的地区或年代里发现的。

我虽然不满意洪武本的《天竺灵签》的版画，但还是很重视它。因为它是今天所知的最早的一部同类的图籍。在那里，我们可以见到不少封建社会的人民生活的描写。没想到，过不了一年，我又从九经堂的刘姓书贾那里，得到了更古老的一部《天竺灵签》。照其形式看来，是要比洪武本早得多，可能是出于福建刻本或杭州刻本。其时代，当是南宋的晚期（约一二五〇年前后）。这本宋版的《天竺灵签》的插图，要比那部洪武本高明得多了。不仅图型较大，而且人物形象也大为生动活泼，在版画技术上它是相当成熟的，相当有成就的作品。它和那部洪武本的拙陋之作，迥然不同。它是属于专门的版画作家的好的作者之列。在早期的版画创作里，它无疑地是一部杰作。所引为余憾的是，这部宋版《天竺灵签》，印刷得比较晚，有不少幅是元人或明初人的补版。凡是“补版”的插图，其拙陋草率的程度便不下于那部洪武本。但“原版”的插图虽有些模糊之处，却仍极为优美可喜，保持着高度的艺术性。像“黄钟大吕”之音，是能令人心悦情怡的。把这部宋版的《天竺灵签》影印出来，不仅足以见到中国早期木版画的成就的高超，而且可以看到那个时代的人民生活的若干方面。因为原书纸色很黄暗，故用珂罗版印出。

一九五八年一月十七日郑振铎跋于北京

《中国历史参考图谱》自序

我国史书，素不重图谱。《七略》只收书不收图。后世艺文之目，自《隋志》以下，递相因袭。故古人之图，日益亡佚而无纪。宋郑樵氏《通志》始创立《图谱》一略，其识至伟，诚屹然特立风雨不移之一二人也。樵云：“见书不见图，闻其声不见其形；见图不见书，见其人不闻其语。后之学者，离图即书，尚辞务说，故人亦难为学，学亦难为功。”又云：“辞章虽富，如朝霞晚照，徒焜耀人耳目；义理虽深，如空谷寻声，靡所底止。二者殊途而同归，是皆从事于语言之末，而非为实学也。以图谱之学不传，则实学尽化为虚文矣。”其言切中学者之蔽。宋人所刊《礼书》、《乐书》、《博古图》、《三礼图》、《营造法式》以及若干医书、佛典，均有插图。元明二代，则图之应用尤广，旁及小说、戏曲、类书（如《图书编》、《三才图会》、《事林广记》、《永乐大典》），琴、棋谱以及兵书、农书、地志、训蒙之书，无不附图。清代崇尚朴学，图谱之作，继起无人。然皇家所镌《图书集成》、《万寿盛典》、《南巡盛典》、《皇朝职贡图》、《皇朝礼器图式》以及《避暑山庄》、《平回》诸图，犹称浩瀚。惟近代则图与书始鲜并行耳。史学家仅知在书本文字中讨生活，不复究心于有关史迹、文化、社会、经济、人民生活之真实情况，与乎实物图象，器用形态，而史学遂成为孤立与枯索之学问。论述文物制度者，以不见图象实物，每多影响之辞，聚讼纷纭而无所归。图文既不能收互相发明之用，史学家遂终其生于暗中摸索，无术以引进于真实的人民历史之门。且如《三礼图》、《三才图会》之书，考订未精，往往凭其意象，向壁虚构。明人之作，多不注出处，尤为可疑，固未足引以为据也。尝见明末新安刊本《奇器图说》，所附各图，与原本校之，辄乖误百出。凡有齿轮，皆画作圆形，诚所谓差之毫厘，失之千里矣。翻刻当代之图，尚谬讹如此，况摹古乎！有盗掘古墓者，于金玉宝物则取之，于有关考古之小器物，不为世重者，则尽弃之。学者则唯知注重有款识之器物，而遗其重要图纹、形态；于碑版塑像，亦往往仅传拓其文字，而忽视其全形与图型。在此种非科学之发掘与整理之下，古之遗物，被毁弃者多矣。尝闻寿县发掘时，工人尽取鼎彝诸器，而于木格之有彩画者，则任意抛毁之。又古墓中尝发见铜环极多，闻皆古漆器之附属物，而原器则胥遭蹂躏矣。言之不胜愤慨！近二三十年来，考古之学大兴，我国乃渐有科学方法之发掘。而法、英、日诸学者，亦多专门之著述。时则地不秘宝。古藏大启，古器物、古文书大出不穷。周口店“北京人”之发现，仰韶文化、小屯文化之重见光明，乐浪古墓之开启，西陲汉简之获得，敦煌文库之整理，正仓院文物之研究，乃至各地史前遗址之相继发见，河南之洛阳、辉县、汲县、新郑、浚县，河北之易县，山西之浑源，陕西之宝鸡，湖南之长沙，安徽之寿县，浙江之绍兴，广东之广州诸地，亦叠有重要古器、古物之出土。论述我国上古、殷、周、秦、汉、三国、六朝、唐、五代、宋、元史者，乃有文献足征之喜矣。而内阁大库之门既开，清代禁毁之书复大集，明清档案，内阁珍秘，亦均公开于世。加之以近代印刷术之进步，凡昔人所未得一睹之宝绘墨迹，鼎彝瓷皿，石像泥俑，壁画零缣，亦悉得传其真相。我人读Chavamne，Steine诸氏之书，安阳、乐浪、通沟、城子崖诸地之发掘报告，梅原末治之古铜器及舟车武器之研究，常盘大定之佛教史迹之巨编，云岗、龙门石像之摄影，以及《白鹤帖》、《泉屋清赏》、《东瀛珠光》《爽籁馆欣赏》、《东洋历史参考图谱》、《故宫书画集》、《月刊》、《周刊》，与夫现代诸家之关于古器物之专著，殆有神怡心醉，应接不暇之感。以视数十年前，诸学者仅能以摩挲金石拓文自喜者，诚有幸生此代之欢欣！惟考古图版之书，多至千百，卷帙繁重，每非一般学者力所能致，且亦不能尽致。历史教学诸君亦尚有墨守旧规，未窥新地者。余因发愿纂辑《中国历史参考图谱》一书，化繁为简，取精撷华，俾人人皆能置此一编，而亲炙于古人之实际生活。虽非专家之作，或可为入门之助。倘与当代历史教学诸君，有微末之贡献，则余所殚之心力，为得偿矣。

1947年2月1日

《中国历史参考图谱》跋

收集小说戏曲和其他有插图书籍将近三十年。曾把这些材料，选其重要的，编为《中国版画史图录》，在七八年中，陆续出版了五辑，二十册。在这之前，我所编的《文学大纲》、《插图本中国文学史》，以及《恋爱的故事》等书，都是有多量的插图的。为什么我对插图那末重视呢？书籍中的插图，并不是装饰品，而是有其重要意义的。不必说地理、医药、工程等书，非图不明，就是文学、历史等书，图与文也是如鸟之双翼，互相辅助的。中国书籍附有插图的本来很少，甚至有两部《地名大辞典》，都不约而同的连中国全图也不曾附入！像这样的《地名大辞典》，照例是应该有大量的地图和城坊街道图，古迹名胜图等等的。为什么编辑者或出版者那末忽视插图的作用呢？我想，没有别的原因，主要的还是图省事，怕麻烦；根本上，他们是忽视或蔑视了读者的需求，对出版事业不够负责。在许多历史书里，则更不易找到什么插图了。而历史书却正是需要插图最为迫切的。从自然环境、历史人物、历史事件、历史现象，到建筑、艺术、日常用品、衣冠制度，都是非图不明的。有了图，可以少说了多少的说明，少了图便使读者有茫然之感。过去的许多历史书，除了小学或一部份中学的历史课本里，偶然附有很简单的插图之外，许多中国通史，除了翦伯赞先生的《中国史纲》之外，几乎全都是不着一图。我在念中学的时候，就喜欢念历史。以后，对历史的兴趣一天天的浓厚。我曾经手抄过一部《史通》。对章实斋的《文史通义》也下过一番工夫。虽然没有能力著作一部通史，而对这个有文无图的历史，却是久已不满的。在抗日战争时期，我不曾买过一部日文书。日本投降之后，大批的日文书在书店里出现。我偶然去翻翻，有一次，见到一部石田干之助编的《东洋历史参考图谱》，觉得正是我们读中国史的人所需要的东西，便把它买了来。那里面，收集的材料相当丰富，特别是利用了莫利逊文库（即东洋文库）的藏书，恣意的翻印了许多欧美来源的关于中国的图片，那些东西是我们久想见到而没有机会见到的。我很兴奋，翻读了一遍、两遍、三遍。我心里浮现一个幻想：为什么我们自己不来编辑那样的一部“参考图谱”呢？中国历史参考图谱由一个非中国人来编，总是隔了一层的。这是应该由我们自己来动手的一个大工作。我和朋友们谈到这事，和好些出版家谈到这事。有的是漠然无动于衷。但方行同志和刘哲民先生却大力的鼓励我动手做这个工作。由他们邀集了十多个朋友们，各出资金，组织了一个《中国历史参考图谱》刊行会，立刻开始工作。谢辰生同志帮助我工作了一个时期。但大部份的工作都是我自己动手的，从选择材料到剪贴图版，编写说明。除了购备了一部分纸张之外，所有的资金都给我作为购置参考图籍之用。在短短的七八个月之间，我的家里成为一个规模不很小的中国历史的参考图书室。我所搜到的有关考古、历史的文献图谱，特别是日文的和英文的，是大江以南最丰富的一个收藏。我利用着这些藏书，开始着手缩写这部《中国历史参考图谱》，同时便开始发售预约。这是1947年春天的事。预计在1948年的春天可以完成这个工作，每月出版两辑，在一年之内把全书二十四辑出齐。但着手之后，就觉得这个工作没有预想的那末简单，那容易。首先是，必须把每一个时代的文献和参考图谱搜罗得相当完备。编辑唐代的几辑时，为了要找一部《东瀛珠光》一部《西域考古图谱》和一部伯希和的《敦煌千佛洞》便费了很大的气力。这些书都不是仓卒之间所能得到的，他们是“可遇而不可求”的。幸亏沈仲章先生借给我一部《东瀛珠光》，南京图书馆借给我半部《千佛洞》，而《西域考古图谱》也由某书肆得到了一部，总算把这几辑应有的资料，都收集得差不多了。类此的情形仍不时遇到。有时，为了一部资料之不能得到，只好暂时放下工作在等候。有时，知道某地方有那一部书，写信去借，却被拒绝了，只好千方百计的自己设法去搜购。除了极少数的书，因为实在不易得到，不能不改用他书转载的第二手资料之外，绝大多数都是能够得到手的。友人们的温情的帮助与书坊中老友们的代为竭力搜罗，是感谢不尽的。有一个时候，为了要买一部英国人犹氏收藏的中国瓷器、铜器、壁画目录，竟费了很大的力量在张罗书款。总之，在这方面，我费的气力的确很不少；所受到的苦乐，也诉说不尽。如鱼饮水，冷暖自知。我明白：不把握到大批资料，不搜集到相当完备的文献与参考图籍，这编辑工作就没法进行。工欲善其事，必先利其器。在这里，“器”便是“资料”。而这工作，范围是那末广大，所涉及的学问又是那末多样而复杂。我不弄甲骨文，不弄铜器，对绘画也还没有入门。是新鲜的，是刚刚接触到的，却非抱着郭沫若先生著和日本著的好几部书下死工夫读完他们不可。这是足够兴奋的。当每一辑的“材料”收集得差不多的时候，便放在一处，有时是几张桌子，有时连床榻上也都占满了，仔细的在那些“材料”里，选择出所需要的图片来。开始总是多选了三四倍。经过两次至三次的审阅，最后才决定要选用那些幅。有时，踌躇不决，觉得这也好，那也好，究竟用那一幅呢？要决定最有代表性的图片，是煞费工夫的。选得差不多了，便动手用刀、用剪子，有时也用到其他工具，把原书拆开，取出需要的图片出来——原书总要损坏些。为了这，便在事实上不能借用图书馆的或私人们的藏书——这时所选取的图片，还比实际需要的要多出一倍左右。把这些图片，逐幅的再仔细翻阅过，仔细比较，审视，并排比次第。然后，才作最后的决定，写好这一辑的目录。根据这目录，把图片逐一的加以拼贴。为了不使图片剪坏，有时，拼贴工夫是花费得不少的。拼贴成一张一张的或大或小的页子后，再贴上印好的每辑每页的页数及每一图片的号码。为怕有错，不惮烦的再仔细检阅过几遍。有时，临时发现图片选得有问题，便再行改换过；或前后次序不妥，便再行改贴过；或号码贴错了，竟全行改贴过。像这样的工作，从开头到末了，都是我一个人动手。在贴号码时，谢辰生同志和家里的人偶然也帮些忙。把这一张一张的已贴好的页子，交摄影处拍照。拍好照，才交珂罗版印刷所付印。珂罗版印刷，全是使用手工的。为了设备不够，气候的寒暖和阴晴，都会影响到图面的好坏。工人们技术的好坏，配料和油墨的良窳，也影响到图面的清晰与否。有时，一张图版印好了，发现了“模糊”等短点，便重行制版。有时，原书图片本来模糊不清，只好设法另行访觅比较清晰的。实在找不到第二来源的时候，方才勉强的用上原来的那一张。这其间的每一过程，也都是我自己和印刷工人们商酌、讨论的。有什么缺点，特别是在技术上，都应该由我个人负责。当每一辑印成后，便开始写“说明”。在那末广泛的范围内，把每一种选用的图片，都多多少少加以说明，有时并加以考证、辨解，实在不是一件简单的事。有时，为了解释一个图片，曾费去了好几天的探索、翻检的工夫。有时，为了一二部参考书的不曾找到，便花费好几天的工夫在书肆、或在图书馆中寻找着。有时，竟因为实在找不到那一二部书，只好把“说明”的写作，搁置了下去。因此，当《图谱》出版了六辑之后，虽曾陆续又影印了好几辑，却都因为“说明”没有写成，不曾分送给读者们。同时，为了把所有的资金都花在购置参考图籍上面，开始显得有点困难起来，购纸和印刷的费用都要设法去借。在这时候，张葱玉先生的藏画不幸为人捆载出国，徒留图影，亟思印行。我便和他商量，由我替他印出，那便是《韫辉斋所藏唐宋以来名画集》。由于这个画集的出版，我便想起：何不把域外所藏的中国古画搜罗起来印出，一面记录过去被掠夺、被盗卖的情况，提高我们的警惕心，一面借以加强人民对于祖国伟大艺术作品的爱护心呢？在愤激的情绪下，便不顾一切的先把《西域记》三辑印了出来，这是把英、法、德、日帝国主义者们怎样在中国西陲恣意的掠夺我们伟大的艺术作品的面貌完全暴露出来的一部书。读者们的热烈的欢迎这部书，使我有勇气在一年半之内，把二十四辑的《域外所藏中国古画集》全部印了出来。为了方向的转变，注意力的转移，竟使《中国历史参考图谱》的编辑工作长期的停顿了下来。预计在一九四八年春天可以全部完成的，到了一九四八年年底，还只是发行了四分之一。环境是一天天的恶劣了。在一九四九年二月，我不能不从上海出走到香港。在香港住了很短的时期，便到解放区来。编辑工作只好完全停顿。但实在是没有一天不在想把这工作结束了的。这实在是一个沉重的债务，沉重的负担。读者们也督促得很切，责备得很严厉。在同年的冬天，我回到了解放了的上海的时候，又续编了好几辑印出。同时，把好些参考图籍带到北京来，以便继续工作。一九五〇年的一年，断断续续的都在编辑着。到了今年的三月间，总算把最后一辑编完。原来想在一年之间完成的工作，竟花了四个年头的时间才做完。对于读者们竟失了信用三年！这是我万分抱歉，万分不安的！但这三个年头的迟延，也不是完全没有补偿的。在这几年里，我见到的东西更多了，得到的资料也更丰富了。有许多过去不能得到不能见到的东西，差不多都可以得到、见到了。最可惜的是：近五千箱最重要的艺术品，最珍贵的出土文物，最有价值的历史文献，都被蒋帮在解放前运到台湾去了。在其中有无数材料可以补充这部图谱，有不少材料是从来不曾“见过天日”的，如今都没法收入了。但新近出土的文物，最近发现的文献，却是尽可能的把它们收入。有的若干辑，早已出版，新材料却无法加入。将来还想于再版时加入，或另编“补编”若干辑，来容纳这些重要的新的资料。

这一部《图谱》得于现在完成出版的工作，完全依靠了读者们的帮助与督促，同时更要向四年如一日的许多位朋友们的热忱的帮助与鼓励致谢，他们是那样的在精神上、在物质上给我以说不尽的帮助与鼓励；特别应该提起的是方行同志，他组织许多同志们，成为这部《图谱》刊行会的骨干，在最困难的时候，不断的予以支持；李健吾先生和刘哲民先生，他们是那末恳挚的给我以种种的援助。还有无数位的相识的与不相识的朋友们，都经常的供给我以重要的资料。像殷代的一辑，周代的二辑，李济之先生和郭宝钧先生便毫无吝色给了我许多最可宝贵的出土文物的照片；汉代的二辑，夏鼐先生和曾昭燏先生便给了我好些从未发表过的图片。章伯钧先生则借给我一批关于太平天国及其他近代史的图片。这不仅是我个人应该向他们致谢的。还有许多朋友们所供给的“资料”，我都在每辑的“说明”里，一一的注明，不能在这里列举出来了。总之，这部《图谱》是合众力以成之的，依靠了大家的力量才能有了现在的成绩。假如有什么缺点，有什么错误，有什么不妥善、不正确之处，那却是应该由我完全负责的，选择与排比编辑之责都是由我个人动手的，我不能推诿任何一张图片、一句话、一个字的不正确或有错误的责任。为了学力所限，不正确或错误之点是不能免的。在再版之前，希望专家们和读者们能够多提意见，多赐批评，多予指正。像这样的一部书乃是属于人民的，也是现在所正需要的，决不是个人的著作，决不能使它有任何不妥善或不正确或有错误之处存在。过去曾依靠着大家的力量完成了这末一部相当弘伟的书，现在更应该依靠大家的力量，使它更完美，更正确，更妥善，更无错误。作为一个编者，是诚挚的欢迎、接受任何正确的批评、指正与意见的。敬在此向所有的帮助者致衷心的谢意！

一九五一年五月十一日

（《中国历史参考图谱》，郑振铎编，
上海出版公司，一九五一年）

何谓“俗文学”

一

何谓“俗文学”？“俗文学”就是通俗的文学，就是民间的文学，也就是大众的文学。换一句话，所谓俗文学就是不登大雅之堂，不为学士大夫所重视，而流行于民间，成为大众所嗜好，所喜悦的东西。

中国的“俗文学”，包括的范围很广，因为正统的文学的范围太狭小了，于是“俗文学”的地盘便愈显其大。差不多除诗与散文之外，凡重要的文体，像小说、戏曲、变文、弹词之类，都要归到“俗文学”的范围里去。

凡不登大雅之堂，凡为学士大夫所鄙夷，所不屑注意的文体都是“俗文学”。

“俗文学”不仅成了中国文学史主要的成分，且也成了中国文学史的中心。

这话怎样讲呢？

第一、因为正统的文学的范围很狭小——只限于诗和散文——所以中国文学史的主要的篇页，便不能不为被目为“俗文学”，被目为“小道”的“俗文学”所占领。那一国的文学史不是以小说、戏曲和诗歌为中心的呢？而过去的中国文学史的讲述却大部分为散文作家们的生平和其作品所占据。现在对于文学的观念变更了，对于不登大雅之堂的戏曲、小说、变文、弹词等等也有了相当的认识了，故这一部分原为“俗文学”的作品，便不能不引起文学史家的特殊注意了。

第二、因为正统文学的发展和“俗文学”的发展是息息相关的。许多的正统文学的文体原都是由“俗文学”升格而来的。像《诗经》，其中的大部分原来就是民歌。像五言诗原来就是从民间发生的。像汉代的乐府，六朝的新乐府，唐五代的词，元、明的曲，宋、金的诸宫调，那一个新文体不是从民间发生出来的？

当民间发生了一种新的文体时，学士大夫们其初是完全忽视的，是鄙夷不屑一读的。但渐渐的，有勇气的文人学士们采取这种新鲜的新文体作为自己的创作的型式了，渐渐的这种的新文体得了大多数的文人学士们的支持了。渐渐的这种的新文体升格而成为王家贵族的东西了。至此，而他们渐渐的远离了民间，而成为正统的文学的一体了。

当民间的歌声渐渐的消歇了时候，而这种民间的歌曲却成了文人学士们之所有了。

所以，在许多今日被目为正统文学的作品或文体里，其初有许多原是民间的东西，被升格了的，故我们说，中国文学史的中心是“俗文学”，这话是并不过分的。

二

“俗文学”有好几个特质，但到了成为正统文学的一支的时候，那些特质便都渐渐的消灭了；原是活泼泼的东西，但终于衰老了，僵硬了，而成为躯壳徒存的活尸。

“俗文学”的第一个特质是大众的。她是出生于民间，为民众所写作，且为民众而生存的。她是民众所嗜好，所喜悦的；她是投合了最大多数的民众之口味的。故亦谓之平民文学。其内容，不歌颂皇室，不抒写文人学士们的谈穷诉苦的心绪，不讲论国制朝章，她所讲的是民间的英雄，是民间少男少女的恋情，是民众所喜听的故事，是民间的大多数人的心情所寄托的。

她的第二个特质是无名的集体的创作。我们不知道其作家是什么人。他们是从这一个人传到那一个人；从这一个地方传到那一个地方。有的人加进了一点，有的人润改了一点。我们永远不会知道其真正的创作者与其正确的产生的年月的。也许是流传得很久了；也许是已经经过了无数人的传述与修改了。到了学士大夫们注意到她的时候，大约已经必是流布得很久，很广的了。像小说，便是在庙宇，在瓦子里流传了许久之后，方才被罗贯中、郭勋、吴承恩他们采用了来作为创作的尝试的。

她的第三个特质是口传的。她从这个人的口里，传到那个人的口里，她不曾被写了下来，所以，她是流动性的；随时可以被修正，被改样。到了她被写下来的时候，她便成为有定形的了，便可成为被拟仿的东西了。像《三国志平话》，原是流传了许久，到了元代方才有了定形；到了罗贯中，方才被修改为现在的式样。像许多弹词，其写定下来的时候，离开她开始弹唱的时候都是很久的。所谓某某秘传，某某秘本，都是这一类性质的东西。

她的第四个特质是新鲜的，但是粗鄙的。她未经过学士大夫们的手所触动，所以还保持其鲜妍的色彩，但也因为这所以还是未经雕断的东西，相当的粗鄙俗气。有的地方写得很深刻，但有的地方便不免粗糙，甚至不堪入目。像《目连教母变文》、《舜子至孝变文》、《伍子胥变文》等等都是这一类。

她的第五个特质是其想像力往往是很奔放的，非一般正统文学所能梦见，其作者的气魄往往是很伟大的，也非一般正统文学的作者所学比肩。但也有其种种的坏处，许多民间的习惯与传统的观念，往往是极顽强的黏附于其中。任怎样也洗刮不掉。所以，有的时候，比之正统文学更要封建的，更要表示民众的保守性些。又因为是流传于民间的，故其内容，或题材，或故事，往往保存了多量的民间故事或民歌的特性；她往往是辗转抄袭的。有许多故事是互相模拟的。但至少，较之正统文学，其模拟性是减少得多了。她的模拟是无心的，是被融化了的；不像正统文学的模拟是有意的，是章仿句学的。

她的第六个特质是勇于引进新的东西。凡一切外来的歌调，外来的事物，外来的文体，文人学士们不敢正眼儿窥视之的，民间的作者们却往往是最早的便采用了，便容纳了它来。像戏曲的一个体裁，像变文的一种新的组织，像词曲的引用外来的歌曲，都是由民间的作家们先行采纳了来的。甚至，许多新的名词，民间也最早的知道应用。

以上的几个特质，我们在下文便可以更详尽的明白的知道，这里可以不必多引例证。

我们知道，“俗文学”有她的许多好处，也有许多缺点，更不是像一班人所想像的，“俗文学”是至高无上的东西，无一而非杰作，也不是像另一班人所想像的，“俗文学”是要不得的东西，是一无可取的。

三

中国俗文学的内容，既包罗极广，其分类是颇为重要的。就文体上分别之，约有下列的五大类：

第一类，诗歌。这一类包括民歌、民谣、初期的词曲等等。从《诗经》中的一部分民歌直到清代的《粤风》、《粤讴》、《白雪遗音》等等，都可以算是这一类里的东西。其中，包括了许多的民间的规模颇不少的叙事歌曲，像《孔雀东南飞》以至《季布歌》、《母女斗口》等等。

第二类，小说。所谓“俗文学”里的小说，是专指“话本”，即以白话写成的小说而言的；所有的谈说因果的《幽冥录》，记载琐事的《因话录》等等，所谓“传奇”，所谓“笔记小说”等等，均不包括在内。小说可分为三类：

一是短篇的，即宋代所谓“小说”，一次或在一日之间可以讲说完毕者，《清平山堂话本》、《京本通俗小说》、《古今小说》、《警世通言》、《醒世恒言》以至《拍案惊奇》、《今古奇观》之类均属之。

二是长篇的，即宋代所谓“讲史”，其讲述的时间很长，决非三五日所能说得尽的。本来只是讲述历史里的故事；像《三国志》、《五代史》里的故事，但后来却扩大而讲到英雄的历险，像《西游记》。像《水浒传》之类了；最后，且到社会里人间的日常生活里去找材料了，像《金瓶梅》、《醒世姻缘传》、《红楼梦》、《儒林外史》等等都是。

三是中篇的，这一类的小说的发展比较的晚。原来像《清平山堂话本》里的《快嘴李翠莲记》等等都是单行刊出的，但篇幅比较的短。中篇小说的篇幅是至少四回或六回，最多可到二十四回的。大约其册数总是中型本的四册或六册，最多不过八册。像《玉娇梨》、《平山冷燕》、《平鬼传》、《吴江雪》等等都是。其盛行的时代为明、清之间。

第三类，戏曲。这一类的作品，比之小说，其产量要多得多了。戏曲本来是比小说更复杂，更难写的一个文体。但很奇怪。在中国，戏曲的出产，竟比小说要多到数十倍。这一类的作品，部门是很复杂的，大别之，可分为三类：

一是戏文，产生得最早，是受了印度戏曲的影响而产生的，最初，有《赵贞女蔡二郎》及《王魁负桂英》等。到了明代中叶，昆山腔产生以后，戏文（那时名为传奇）更大量的出现于世。直到了清末，还有人在写作，这一类的戏曲，篇幅大抵较为冗长。（初期的戏文较短）每本总在二十出以上，篇幅最巨的，有到二百多出的。（像乾隆时代的宫庭戏，如《劝善金科》《莲花宝筏》《鼎峙春秋》等。）最普通的篇幅是从三十出到五十出，约为二册。

二是杂剧，是受了戏文流行的影响，把“诸宫调”的歌唱变成了舞台的表演而形成的。其歌唱最为严格，全用北曲来唱。且须主角一人独唱到底。其篇幅因之较短。在初期，总是以四折组成。（有少数是五折的）如果五折不足以尽其故事，则析之为二本或四本五本。但究竟以一本四折者为最多。到了后期，则所谓杂剧变成了短剧或独幕剧的别称，最多数是一本一折的了（间有少数多到一本九折）。

三是地方戏，这一类的戏曲，范围广泛极了；竟有浩如烟海之感。戏文原来也是地方戏，被称为永嘉戏文，但后来成为流行全国的东西。近代的地方戏几乎每省均有之。为了交通的不便和各地方言的隔阂，所以地方戏最容易发展。广东戏是很有名的，绍兴戏和四明文戏也盛行于浙省。皮黄戏原来也是由地方戏演变而成的。有所谓徽调、汉调、秦腔等等，都是代表的地方戏，先于皮黄而出现，而为其祖祢的。

第四类，讲唱文学。这个名辞是杜撰的，但实没有其他更适当的名称，可以表现这一类文学的特质。这一类的讲唱文学在中国的俗文学里占了极重要的成分，且也占了极大的势力。一般的民众，未必读小说，未必时时得见戏曲的演唱，但讲演文学却是时时被当作精神上的主要的食粮的。许许多多的旧式的出赁的读物，其中，几全为讲唱文学的作品。这是真正的像水银泄地无孔不入的一种民间的读物，是真正的被妇孺老少所深爱看的作品。

这种讲唱文学的组织是，以说白（散文）来讲述故事，而同时又以唱词（韵文）来歌唱之的；讲与唱互相间杂。使听众于享受着音乐和歌唱之外，又格外的能够明了其故事的经过。这种体裁，原来是从印度输入的。最初流行于庙宇里，为僧侣们说法、传道的工具。后来乃渐渐的出了庙宇而入于“瓦子”（游艺场）里。

他们不是戏曲；虽然有说白和歌唱，甚且演唱时有模拟故事中人物的动作的地方，但全部是第三身的讲述，并不表演的（后来竟有模拟戏曲而在台上表演了，像近来流行的化装滩簧，化装宣卷之类）。

他们也不是叙事诗或史诗；虽然带着极浓厚的叙事诗的性质，但其以散文讲述的部分也占着很重要的地位，决不能成为纯粹的叙事诗（后来的短篇的唱词，名为“子弟书”的，竟把说白的部分完全的除去了，更近于叙事诗的体裁了）。

他们是另成一体的，他们是另有一种的极大魔力，足以号召听众的。

他们的门类极为复杂，虽然其性质大抵相同。大别之，可分为：

一、“变文”：这是讲唱文学的祖祢，最早出现于世的。其初是讲唱佛教的故事，作为传道、说法的工具的，像《八相成道经变文》、《目连变文》等等；且其讲唱只是限于在庙宇里的。但后来，渐渐的采取中国的历史上的故事和传说中的人物来讲唱了；像《伍子胥变文》、《王昭君变文》、《舜子至孝变文》等等；甚至有采用“时事”来讲唱的，像《西征记变文》。

二、“诸宫调”：当“变文”的讲唱者离开了庙宇而出现于“瓦子”里的时候，其讲唱宗教的故事者成为“宝卷”，而讲唱非宗教的故事的，便成了“诸宫调”。“诸宫调”的歌唱的调子，比之“变文”复杂得多。是采取了当代流行的曲调来组成其歌唱部分的。其性质和体裁却和“变文”无甚分别。在“诸宫调”里，我们有了几部不朽的名著，像董解元的《西厢记诸宫调》、无名氏的《刘知远诸宫调》。

三、“宝卷”：宝卷是“变文”的嫡系子孙，其歌唱方法和体裁，几和“变文”无甚区别；不过在其间，也加入了些当代流行的曲调。其讲唱的故事，也以宗教性质的东西为主体，像《香山宝卷》、《鱼篮观音宝卷》、《刘香女宝卷》等等。到了后来，也有讲唱非宗教的故事的，像《梁山伯宝卷》《孟姜女宝卷》等等。

四、“弹词”：这是讲唱文学里在今日最有势力的一支。弹词是流行于南方的，正像“鼓词”之流行于北方的一样。弹词在福建被称为“评话”，在广东，被称为“木鱼书”，或又作“南词”，其实是同一的东西。在弹词里，有一部分是妇女的文学，出于妇女之手，且为妇女而写作的，像《天雨花》、《笔生花》、《再生缘》等等。大部分是用国语文写成的。但也有纯用吴音写作的，这也占着一部分的力量，像《三笑姻缘》、《珍珠塔》、《玉蜻蜓》等等。福建的“评话”，以《榴花梦》为最流行，且最浩瀚，约有三百多册。

五、“鼓词”：这是今日在北方诸省最占势力的讲唱文学。其篇幅，大部分都极为浩瀚，往往在一百册以上；像《大明兴隆传》、《乱柴沟》、《水浒传》等等都是。其中，也有小型的，但大都以讲唱恋爱的故事为主体的，像《蝴蝶杯》等。在清代，有所谓“子弟书”的，乃是小型的鼓词，却除去道白，专用唱词，且以唱咏最精彩的故事中的一二段为主。子弟书有东调、西调之分。东调唱慷慨激昂的故事；西调则为靡靡之音。

第五类，“游戏文章”。这是“俗文学”的附庸。原来不是很重要的东西，且其性质也甚为复杂。大体是以散文写作的，但也有作“赋”体的。在民间，也占有相当的势力。从汉代的王褒《僮约》到缪莲仙的《文章游戏》，几乎无代无此种文章。像《燕子赋》《茶酒论》等是流行于唐代的。像《破棕帽歌》等，则流行于明代。他们却都是以韵文组成的；可归属在民歌的一类里面。

四

以上五类的俗文学，其消长或演变的情势，也有可得而言的。

中国古代的文学，其内容是很简单的，除了诗歌和散文之外。几无第三种文体。那时候，没有小说，没有戏曲，也没有所谓讲唱文学一类的东西。在散文方面，几乎全都是庙堂文学，王家贵族的文学，民间的作品全没有流传下来。但在诗歌方面，民间的作品却被《诗经》保存了不少。在《楚辞》里也保存了一小部分。《诗经》里的民歌，其范围是很广的。除少年男女的恋歌之外，还有牧歌、祭祀歌之类的东西。《楚辞》里的《大招》、《招魂》和《九歌》乃是民间实际应用的歌曲吧。秦、汉以来，《诗经》的四言体不复流行于世，而楚歌大行于世。刘邦为不甚读书，从草莽出身的人物。故一班的初期的贵族们只会唱楚歌、作楚歌，而不会写什么古典的东西。不久，在民间，渐渐的有另一种的新诗体在抬头了；那便是五言诗。其初，只表现她自己于民歌民谣里。但后来，学士大夫们也渐渐的采用到她了；班固的《咏史》便是很早的可靠的五言的诗篇。建安以后，五言诗始大行于世，成为六朝以来的重要诗体之一。当汉武帝的时候，曾采赵代之讴入乐。在汉乐府里，也有很多的民歌存在着。

汉、魏乐府在六朝成古典的东西，而民歌又有新乐府抬起头来，立刻便为学士大夫们所采用。六朝的新乐府有三种；一是吴声歌曲，像《子夜歌》、《读曲歌》；二是西曲歌，像《莫愁乐》、《襄阳乐》等，三是横吹曲辞（这是北方的歌曲）。像《企喻歌》、《陇头流水歌》等。

到了唐代，佛教的势力更大了，从印度输入的东西也更多了。于是民间的歌曲有了许多不同的体裁。而文人们也往往以俗语入诗；有的通俗诗人们，像王梵志、寒山们，所写作的且全为通俗的教训诗。

在这时，讲唱文学的“变文”被介绍到庙宇里了；成为当时最重要的俗文学。且其势力立刻便很大。

敦煌文库的被打开，使我们有机会得以读到许多从来不知道的许多唐代的俗文学的重要作品。

“大曲”在这时成为庙堂的音乐，在其间，有许多是胡夷之曲。很可惜，我们得不到其歌辞。

“词”在这时候也从民间抬头了；且这新声也立刻便为文人学士们所采用。在其间，也有许多是胡夷之曲。

在宋代，“变文”的名称消灭了；但其势力却益发的大增了；差不多没有一种新文体不是从“变文”受到若干的影响的。瓦子里讲唱的东西，几乎多多少少都和“变文”有关系。以“讲”为主体而以“唱”为辅的，则有“小说”，有“讲史”；讲唱并重（或更注重在唱的）则有“诸宫调”。

这时，瓦子里所流行的“俗文学”，其种类实在复杂极了，于“小说”等外，又有“唱赚”，有“杂剧词”，有“转踏”等等（大曲仍流行于世；杂剧词多以大曲组成之）。

印度的戏曲，在这时也被民间所吸引进来了。最初流行于浙江的永嘉，故亦谓之“永嘉杂剧”或戏文。

金、元之际，“杂剧”的一种体裁的戏曲也产生于世；在一百多年间，竟有了许多的伟大的不朽的名著。

南北曲也被文人们所采用。

宝卷、弹词在这时候也都已出现于世。（杨维桢有《四游记》弹词。最早的宝卷《香山宝卷》，相传为南宋时所作。）

明代是小说戏曲最发达的时候。民间的歌曲也更多的被引进到“散曲”里来。鼓词第一次在明代出现。宝卷的写作，盛行一时，被视作宣传宗教的一种最有效力的工具。

明代的许多文人们，竟有勇气在搜辑民歌，拟作民歌；像冯梦龙一人便辑着十卷的《山歌》，若干卷（大约也有十卷左右吧）的《挂枝儿》。许多的俗文学都在结集着；像宋以来的短篇话本，便结集而成为“三言”。许多的讲史都被纷纷的翻刻着，修订着。且拟作者也极多。

清代是一个反动的时代。古典文学大为发达。俗文学被重重的压迫着，几乎不能抬起头来。但究竟是不能被压得倒的。小说戏曲还不断的有人在写作。而民歌也有好些人在搜集，在拟作。宝卷、弹词、鼓词都大量的不断的产生出来。俗文学在暗地里仍是大为活跃。她是永远的健生着，永远的不会被压倒的。

“五四”运动以来，搜辑各地民歌及其他俗文学之风大盛。他们不再被歧视了。我们得到了无数的新的研究的材料。而研究的工作也正在进行着。

五

在这里，如果要把俗文学的一切部门都加以讲述，是很感觉到困难的。恐怕三四倍于现在的篇幅，也不会说得完。故把最重要的两个部门，即小说和戏曲，另成为专书，而这里只讲述到小说、戏曲以外的俗文学。但也已觉得并不是一件容易的事了。

第一、是材料的不易得到。著者在十五六年来，最注意于关于俗文学的资料的收集。在作品一方面，于戏曲、小说之外，复努力于收罗宝卷、弹词、鼓词以及元、明、清的散曲集；对于流行于今日的单刊小册的小唱本、小剧本等等，也曾费了很多的力量去访集。“一·二八”的上海战事，几把所有的小唱本、小剧本以及弹词、鼓词等毁失一空。四五年来，在北平复获得了这一类的书籍不少。壮年精力，半殚于此。但究竟还未能臻于丰富之境，不过得十一于千百而已。然同好者渐多。重要的图书馆，也渐已知道注意搜访此类作品。今所讲述的，只能以著者自藏的为主，而间及其他各公私所藏的重要者。故只能窥豹一斑而已。只是研究的开始，而尚不是结束的时代。

第二、尤为困难的是，许多的记述，往往都为第一次所触手的，可依据的资料太少；特别关于作家的，几乎非件件要自己去掘发，去发现不可。而数日辛勤的结果，往往未必有所得。即有所得，也不过寥寥数语而已。惟因评断和讲述多半为第一次的，故往往也有些比较新鲜的刺激和见解。

第三、有一部分的俗文学，久已散佚，其内容未便悬断。便影响到一部分的结论的未易得到。但著者在可能的范围之内，必求其讲述的比较的有系统，尤其注意到各种俗文学的文体的演变与其所受的影响。故有许多地方，往往是下着比较大胆的结论。对于这，著者虽然很谨慎，且多半是久蓄未发之话，但也许仍难免有粗率之点。这只是第一次的讲述，将来是不怕没有人来修正的。

对于各种俗文学的文体的讲述，大体上都注重于其初期的发展，而于其已成为文人学士们的东西的时候，则不复置论。一来是省掉许多篇幅，这些篇幅是应该留给一般的中国文学史的；这里只是讲着俗文学的演变而已；当俗文学变成了正统的文学时，这里便可以不提及了。二来是正统文学的材料，比较的易得。这里对于许多易得的材料都讲述得较少，而对于比较难得的东西，则引例独多。这对于一般读者们，也许更为方便而有用些。

所以，本书对于五言诗只讲到东汉初为止，而建安的一个五言的大时代便不着只字；对于词，只提到敦煌发现的一部分，而于温庭筠以下的花间词人和南唐二主，南北宋诸大家，均不说起。对于明、清曲，也只注意到民间歌曲，和那一班模拟或采用着民歌的作者们，而对于许多大作家，像陈大声、王九思等等，均省略了去——这里，只有一二个例外，就是对于元代的散曲，叙述各家比较详尽。这是因为元曲讲述之者尚罕见，有比较详述的必要。

六

胡适之先生说道：“中国文学史上何尝没有代表时代的文学？但我们不应向那“古文传统史”里去寻，应该向那旁行斜出的“不肖”文学里去寻。因为不肖古人，所以能代表当世。”

（《白话文学史》引子，第四页）这话是很对的。讲述俗文学史的时候，随时都可以发生同样的见解。“因为不肖古人，所以能代表当世。”有三五篇作品，往往是比之千百部的诗集、文集更足以看出时代的精神和社会的生活来的。他们是比之无量数的诗集、文集，更有生命的。我们读了一部不相干的诗集或文集，往往一无印象，一无所得，在那里是什么也没有，只是白纸印着黑字而已。但许多俗文学的作品，却总可以给我们些东西。他们产生于大众之中，为大众而写作，表现着中国过去最大多数的人民的痛苦和呼吁，欢愉和烦闷，恋爱的享受和别离的愁叹，生活压迫的反响，以及对于政治黑暗的抗争；他们表现着另一个社会，另一种人生，另一方面的中国，和正统文学，贵族文学，为帝王所养活着的许多文人学士们所写的东西里所表现的不同。只有在这里，才能看出真正的中国人民的发展、生活和情绪。中国妇女们的心情，也只有在这里才能大胆的、称心的不伪饰的倾吐着。

这促使我更有决心的去完成这个工作——这工作虽然我在十五六年前已经在开始准备着。

但这部《俗文学史》远只是一个发端，且只是很简略的讲述。更有成效的收获还有待于将来的续作和有同心者的接着努力下去。

我相信，这工作并不浪费——不仅仅在填补了许多中国文学史的所欠缺的篇页而已。

《文学大纲》叙言

文学是没有国界的；阿拉伯人的故事，可以同样的使斯坎德那维亚人怡悦，英国人的最精纯的创作，可以同样的使日本人感受到他们的美好，中国的晶莹如朝露的词，波斯的歌着“人生如寄”的诗，俄国的掘发“黑土”之秘密的小说，也都可以同样的使世界上别一部分的人感受到与他们本土的人所感受的一模一样的情绪。文学是没有古今界的；希腊的戏曲，至今还为我们所称赏，二千余年前之《诗经》，至今还为我们所诵读，《红楼梦》写的是十八世纪的一个家庭的事，狄更司·莎克莱写的六七十年前的英国，陶渊明抒写的是六朝时所感生的情绪，亚摩客耶须唱的是中世纪时所感生的心怀，然而他们却同样的能为后来各时代的人所了解，同样的能感动了后来的各时代的无量数的人。

所以我们研究文学，我们欣赏文学，不应该有古今中外之观念，我们如有了空间的或时间的隔限，那末我们将自绝于最弘富的文学的宝库了。

我们应该只问这是不是最好的，这是不是我们所最被感动的，是不是我们所最喜悦的，却不应该去问这是不是古代的，是不是现代的，这是不是本国的，或是不是外国的，而因此生了一种歧视。

迷恋骸骨，与迷恋现代，是要同样的受讥评的，本国主义与外国主义也同样的是一种痼癖。

文学的研究着不得爱国主义的色彩，也着不得“古是最好的”，“现代是最好的”的偏见。然而有了这种偏见，或染了这个色彩的人却不在少数。

《文学大纲》的编辑，便是要辟除以上的偏见，同时并告诉他们：文学是属于人类全体的，文学的园囿是一座绝大的园囿；园隅一朵花落了，一朵花开了，都是与全个园囿的风光有关系的。

《文学大纲》将给读者“以文学世界里伟大的创造的心灵所完成的作品的自身之概略”，同时并置那个作品于历史的背景里，告诉大家以从文学的开始到现在，从最古的无名诗人，到丁尼生·鲍特莱尔，“人的精神，当他们最深挚的感动时，创造的表白在文学里的情形”，并告诉大家，以这个人的精神，“经了无量数次的表白的，实是一个，而且是继续不断的”。

这个工作真是一个伟大而艰难的工作；文学世界里的各式各样的生物，真是太多了，多到不可以数字计，一个人的能力，那里能把他们一一的加以评价，加以叙述！仅做一个作家的研究，一个时代，一个国的研究者，已足够消磨你的一生了。要想把所有文学世界里的生物全盘的拿在自己手里，那里能够做得到。然而已有许多好的专门研究者，做了那些一部分的研究工作了，也有好些很有条理的编者，曾经做过那种全盘的整理工作了。编者的这部工作，除了一小部分中国的东西外，受到他们的恩惠真不少。要没有他们的工作，本书乃至一切同类的书，其出现恐将不可能。这些书的名称，将在本书最后介绍一下。

编者尤其感谢的是Johm Drinkwater，他编的《文学大纲》（The Outline of Literature)的出版，是诱起编者做这个同样工作的主因；在本书的第一卷里，依据她的地方不少，虽然以下并没有什么利用。Macy的《世界文学史》（The Story of World's Literature)也特别给编者以许多的帮助。

本书的插图颇多，其中从J. Drinkwater的《文学大纲》里引用者不少，此外是编者自己搜集的结果。这些插图可以使本书的读者增加不少兴趣。关于中国的一部分，有许多未注明作者及所从出的书之名者，皆为引用《三才图会》者，这部图的书很有趣，是明人绘的，什么都有，从天文地理以至生物，器用，历代名人的图像也占了十几卷。因为未能一幅一幅的注明，故在此总注一下。

本书曾刊载于十五卷及其后的《小说月报》上。以后又陆续的增入了不少的材料，尤其是中世纪的一个时代及插图的一方面，成为现在的样子。

许多热心的朋友与读者曾时时给我以许多的指示与鼓励，他们的厚意，编者是不能忘记的。商务印书馆对于本书的出版，曾给与编者以种种的便利与帮助，也是编者所十分感谢的。

本书的错误与疏漏，自然是必不能免的，希望专门的研究者能随时的指教，予编者以更正的机会，此不独编者个人之幸也。

郑振铎十五年（1926年）七月九日

《中国新文学大系·文学论争集》导言

一

编就了这部“伟大的十年间”的《文学论争集》之后，不自禁的百感交集：刘半农先生序他的《初期白话诗稿》云：

> “这十五年中，国内文艺界已经有了显著的变动和相当的进步，就把我们当初努力于文艺革新的人，一挤挤成了三代以上的古人，这是我们应当于惭愧之余感觉到十二分的喜悦与安慰的。”

这是半农先生极坦白的自觉的告白。但一般被“挤成了三代以上的古人”的人物，在那几年，当他们努力于文艺革新的时候，他们却显出那样的活跃与勇敢，使我们于今日读了，还“感觉到十二分的喜悦与安慰”的！这不仅仅是因为憬憧于他们的时代，迷恋于历史上的伟大的事业的成就，当然，那些“五四”人物的活动，确可使我们心折的。在那样的黑暗的环境里，由寂寞的呼号，到猛烈的迫害的到来，几乎无时无刻不在兴奋与苦斗之中生活着。他们的言论和主张，是一步步的随了反对者们的突起而更为进步，更为坚定；他们扎硬寨，打死战，一点也不肯表示退让。他们是不妥协的！

这样的先驱者们的勇敢与坚定，正象征了一个时代的“前夜”的光景。

当陈独秀主持的《青年杂志》于一九一五年左右，在上海出版时——那时我已是一个读者——只是无殊于一般杂志用文言写作的提倡“德智体”三育的青年读物。

后来改成了《新青年》，也还是文言文为主体的，虽然在思想和主张上有了一个激烈的变异。胡适的《文学改良刍议》，在一九一七年发表。这诚是一个“发难”的信号。可是也只是一种“改良主义”的主张而已。他所谓文学改良，只须从“八事”入手。八事者何？

一曰，须言之有物。

二曰，不摹仿古人。

三曰，须讲求文法。

四曰，不作无病之呻吟。

五曰，务去烂调套语。

六曰，不用典。

七曰，不讲对仗。

八曰，不避俗字俗语。

他所主张的只是浅近平易的文字，只是“不避俗字俗语”的文字。但他“以施耐庵，曹雪芹，吴趼人为文学正宗”，且以为“以今世历史进化的眼光观之，则白话文学，为中国文学之正宗，又为将来文学必用之利器，可断言也”。不过他还持着商榷的态度，还不敢断然的主张着非写作白话文不可。

陈独秀继之而作《文学革命论》，主张便鲜明确定得多了。他以“明之前后七子及八家文派之归方刘姚”为“十八妖魔辈”，而断然的加以排斥。“凡属贵族文学，古典文学，山林文学，均在排斥之列”。他高张着“文学革命军”大旗，“旗上大书特书吾革命军三大主义：曰，推倒雕琢的阿谀的贵族文学，建设平易的抒情的国民文学；曰，推倒陈腐的铺张的古典文学，建设新鲜的立诚的写实文学；曰，推倒迂晦的艰涩的山林文学，建设明了的通俗的社会文学”。

他答胡适的信道：“改良中国文学当以白话为文学正宗之说，其是非甚明，必不容反对者有讨论之余地。”

他是这样的具着烈火般的熊熊的热诚，在做着打先锋的事业。他是不动摇，不退缩，也不容别人的动摇与退缩的！

革命事业乃在这样的彻头彻尾的不妥协的态度里告了成功。

他们的影响渐渐的大了。陈独秀受北京大学校长蔡元培聘为文科学长。胡适刚由美国回来，也在北大教书。同事的教授们还有钱玄同、沈尹默、刘复、李大钊、周作人、鲁迅等和他们互相呼应，互相讨论。北大的学生傅斯年等也起而和之。

他们的主张因了互相讨论的结果，更是确定鲜明了，且也进步了不少。钱玄同说：“语录以白话说理，词曲以白话为美文，此为文章之进化。实今后言文一致之起点。此等白话文章，其价值远在所谓‘桐城派之文’、‘江西派之诗’之上。此蒙所深信而不疑者也。”（《与陈独秀书》）刘半农的《我之文学改良观》。也是一篇有力的文章。钱玄同不大赞成旧小说，尤恶旧剧，刘半农也以为“余赞成小说为文学之大主脑，而不认今日流行之红男绿女之小说为文学”。这都是一种具有很大的进步的言论。他们已经不单注重到形式的，且也注重到内容的问题了。

一九一八年出版的第四卷第一号的《新青年》，便实行他们自己的主张，完全用白话做文章。在这一卷里，胡适有一篇《建设的文学革命论》：

> “我的建设新文学论的唯一宗旨只有十个大字：‘国语的文学，文学的国语。’……死文字决不能产出活文学。……简单说来，自从《三百篇》到于今，中国的文学凡是有一些儿价值，有一些儿生命的，都是白话的，或是近于白话的。……中国若想有活文学，必须用白话，必须用国语，必须做国语的文学。”

这一篇可算是他们讨论了两年的一篇总结论，也可以说是一篇文学革命的最堂皇的宣言。

二

当他们在初期的二三年间讨论着文学革命的问题的时候，同情者们固然是一天天的增多了，反对的人却也不少。不过都不是很有力量的。当时有一班类乎附和的人们在《新青年》上发表了不少的言论，却往往是趋于凡庸的折衷论。曾毅说道：“昔之人欲售其主张，恒借其选本以树之鹄，非如现在坊间选本之无甚深义也。仆以为足下既张革命之军，突使一般青年观之，茫然莫得其标准之所在。则莫妙于取古今忙人之诗文，与吾宗旨稍近者，诗如李陵、陶潜及《古诗十九首》之类，文如黄太冲《原君》、王守仁《祭瘗旅文》之类，选为课本，使人知有宗向。由是以趋于改进，似更易为功也。不知高明以为何如。”

方宗岳的见解尤为可笑：

> “由是观之，鄙意对于胡先生之说，既不敢取绝对的

服从，则有折衷之论在乎？曰有，即分授之说是也。对于小学生，则授以普通之应用文字，文理与白话二者可精酌而并取。中等以上之学者，则取纯一文理，而示以深邃精奥之所在。如此则庶几无人不识应用之文字，而所谓邃奥文理者，亦自有一般专门之学者探讨，而使古来本有之经理艺术不因是而火其传也。胡先生其首肯乎？”

余元濬说道：

“吾人既认白话文学为将来中国文学之正宗，则言改良之术，不可不依此趋向而行。然使今日即以白话为各种文字，以予观之，恐矫枉过正，反贻人之唾弃。急进反缓，不如姑缓其行。历代文字，虽以互相摹仿为能，然比较观之，其由简入繁，由深入浅，由隐入显之迹，亦颇可寻。秦汉文学，异于三代文学，魏晋文学，异于秦汉文学；隋唐文学，异于魏晋文学；宋以后文学，异于隋唐文学。苟无时时复古之声，则顺日进之势。言文相距日近，国民文学必发达而无疑。故吾人今日一面急宜改良道德学术，一面顺此日进之势，作极通俗易解之文字，不必全用俗字俗语，而将来合于国语可操预券（白话小说诗曲自是急务）。”

他们都是“改良派”，“恐矫枉过正，反贻人之唾弃，急进反缓，不如姑缓其行”的人物。这些折衷派的言论，实最足以阻碍文学革命运动的发展。

好在陈独秀们是始终抱着不退让，不妥协的态度的，对于自己的主张是绝对的信守着，“不容反对者有讨论之余地”。遂不至上了折衷派的大当。

一九一八年的十二月，陈独秀们又办了一个白话文的周刊，名为《每周评论》。紧接着，北京大学的学生，傅斯年，罗家伦等也办了一个白话的月刊，名为《新潮》。他们都和《新青年》相应和着。

他们的势力是一天天的更大，更充实；他们的影响是一天天的更深入于内地，他们的主张是一天天的更为无数的青年们所信从，所执持着了。

白话文的势力更扩充到日报里去。不久的时候，北京的《国民公报》，蓝公武主持着的一个研究系的机关报，也起而响应之。以后，同系的一个日报，即在上海的《时事新报》，也便出来拥护他们的主张。

三

这面“文学革命”的大旗的竖立是完全的出于旧文人们的意料之外的。他们始而漠然若无睹；继而鄙夷若不屑与辩，终而却不能不愤怒而咒诅着了。

在《新青年》的四卷三号上同时刊出了王敬轩的给《新青年》编者的一封信，和刘复的《复王敬轩书》。王敬轩原是亡是公乌有先生一流人物。托为王敬轩写的那一封信乃是《新青年》社的同人钱玄同的手笔。

为什么他们要演这一出“苦肉计”呢？

从他们打起了“文学革命”的大旗以来，始终不曾遇到过一个有力的敌人们。他们“目桐城为谬种，选学为妖孽”。而所谓“桐城、选学”也者却始终置之不理。因之，有许多见解他们便不能发挥尽致。旧文人们的反抗言论既然竟是寂寂无闻，他们便好像是尽在空中挥拳，不能不有寂寞之感。

所谓王敬轩的那一封信，便是要把旧文人们的许多见解归纳在一起，而给以痛痛快快的致命的一击的。

可是，不久，真正有力的反抗运动也便来了。

古文家的林纾来放反对的第一炮。他写了一篇《论古文白话之相消长》，重要的主张是："即谓古文者白话之根柢。无古文安有白话！""实则此种教法，万无能成之理，吾辈已老，不能为正其非。悠悠百年，自有能辩之者。"

其实不必等到"百年"，林纾他自己已迫不及待的亲自出马来"正其非"了。他给了一封书给蔡元培：

"天下唯有真学术真道德始足独树一帜，使人景从。若尽废古书，行用土语为文字，则都下引车卖浆之徒所操之语，按之皆有文法，不类闽广人为无文法之啁啾。据此，则凡京津之稗贩，均可用为教授矣。若《水浒》、《红楼》皆白话之圣，并足为教科之书。不知《水浒》中辞吻多采岳珂之《金陀萃篇》，《红楼》亦不止为一人手笔。作者均博极群书之人。总之，非读破万卷不能为古文，亦并不能为白话。若化孔子之言，为白话演说，亦未尝不是。按《说文》，演长流也，亦有延之广之之义法。当以短演长，不能以古子之长，演为白话之短。且使人读古子者，须读其原书耶？抑凭讲师之一二语即算为古子？若读原书，则又不能全废古文矣。矧于古子之外，尚以《说文》讲授。《说文》之学，非俗书也。当参以古籀，证以钟鼎之文。试思用籀篆可化为白话耶？果以篆籀之文杂之白话之中，是引汉唐之环燕与村妇谈心，陈商周之俎豆为野老聚饮，类乎不类？弟闽人也，南蛮鴂舌，亦愿习中原之语言。脱授我者以中原之语言，仍令我为逻舌之闽语可乎？盖存国粹而授《说文》可也，以《说文》为客，以白话为主不可也！……

大凡为士林表率，须圆通广大，据中而立，方能率由无弊。若凭位分势利而施趋怪走奇之教育，则惟穆默德左执刀而右传教始可如其愿望。今全国父老，以子弟托公，愿公留意，以守常为是！

他的论点是很错乱的。蔡元培的覆信，辞正义严，分剖事理，至为明白。他是没有话可以反驳的。

但他卫道“正”文的热情，又在另一个方向找到出路了。他连续的在报纸上写了两篇小说：一篇是《荆生》，一篇是《妖梦》，两篇的意思很相同；不过一望之侠士，一托之鬼神罢了；而他希望有一种“外力”来制裁，来压伏这个新的运动却是两篇一致的精神。谩骂之不已，且继之以诅咒了！

同时，北京大学里也另有一派守旧的学生们，则出版一个月刊《国故》，作拥护古典文学的运动。

当时是安福系当权执政。谣言异常的多。时常有人在散布着有政治势力来干涉北京大学的话，并不时的有陈胡被驱逐出京之说。也许那谣言竟有实现的可能，假如不是“五四运动”的发生。

林纾的热烈的反攻《新青年》同人们乃是一九一九的二三月间的事。而过了几月，便是“五四”运动发生的时候，安福系不久便坍了台，自然更没有力量来对于新文学运动实施压迫了。

“五四”运动是跟着外交的失败而来的学生的爱国运动，而其实也便是这几年来革新运动所蕴积的火山的一个总爆发。这一块石片抛在静水里，立刻便波及全国。上海先来了一个猛烈的响应，总罢市，罢学，以为北京学生的应援。被认为攻击目标的曹汝霖辈遂竟被罢免了，各地的学生运动，自此奠定了基础。说是政治运动，爱国运动，其实也便是文化运动。

白话文运动的势力在这一年里突飞的发展着。反对者的口完全的沉寂下去了。“有人估计，这一年之中，至少出了四百种白话报。”（胡适：《五十年来中国之文学》）文学研究会在这一年的冬天成立于北京。《小说月报》也在这时候改由沈雁冰编辑，完全把内容改革了过来，成为新文学运动中最重要的一个机关杂志。新文学运动在这个时候方才和一般的革新运动分离了开来，而自有其更精深的进展与活跃。

《文学旬刊》，文学研究会的一个机关刊物，也附在《时事新报》里开始发行。在第二期的新文学运动里尽了很大的力。

日本留学生郭沫若，郁达夫等，也组织了一个文艺团体，名为创造社，刊行《创造季刊》。

这一个时期可以说是新青年社的白话文运动发展到最高的顶点。以后，这个运动便转变了方向，成为纯粹的新文学运动。同时，新青年社便也转变而成为一个急进的政治的集团。

而初期的为白话文运动而争斗的勇士们，像钱玄同们，便都也转向的转向，沉默的沉默了。

只有鲁迅，周作人还是不断的努力着，成为新文坛的双柱。

他们刊行着《语丝》和《莽原》，组织未名社，在新文学运动里继续的尽着力，且更勇猛的和一切反动的势力在争斗着。

一方面我们感觉得新勇士们的那末容易衰老，像大部分的《新青年》的社员们，同时却也见到有不老的不妥协不退却的勇士们在做青年们的指导者。

四

文学研究会活跃的时期的开始是一九二〇年的春天。这时候，《小说月报》，一个已经有了十几年的历史的文学刊物，在文学研究会的会员们的支持之下，全部革新了；几乎变成了另一种全新的面目。和《小说月报》相呼应着的有附刊在上海《时事新报》的《文学旬刊》，这旬刊由郑振铎主编，后来刊行到四百余期方才停刊。这两个刊物都是鼓吹着为人生的艺术，标示着写实主义的文学的；他们反抗无病呻吟的旧文学；反抗以文学为游戏的鸳鸯蝴蝶派的“海派”文人们。他们是比《新青年》派更进一步的揭起了写实主义的文学革命的旗帜的。他们不仅推翻传统的恶习，也力拯青年们于流俗的陷溺与沉迷之中，而使之走上纯正的文学大道。

他们排斥旧诗旧词，他们打倒鸳鸯蝴蝶派的代表“礼拜六”派的文士们。

他们翻译俄国，法国及北欧的名著，他们介绍托尔斯泰，屠格涅夫，高尔基，安特列夫，易卜生以及莫泊桑等人的作品。

他们提倡血与泪的文学，主张文人们必须和时代的呼号相应答，必须敏感着苦难的社会而为之写作。文人们不是住在象牙塔里面的，他们乃是人世间的“人物”，更较一般人深切的感到国家社会的苦痛与灾难的。

关于这一类的言论，他们在《文学旬刊》以及后来的《文学周报》（即《旬刊》的后身）上发表得最多。可惜这几种初期的刊物，经过了“一·二八”的战役，几已散失无遗，很难得在这里把他们搜集起来。

沈雁冰在《什么是文学》里把他们的主张说明了一部分：

“名士派重疏狂脱略，愈随便愈见得他的名士风流；他们更蔑视写真，譬如见人家做一篇咏陶然亭的诗，自己便以诗和之，名胜古迹，如苏小小墓，岳武穆墓，虽未至其地，也喜欢空浮的写几句，如比干之坟，实在并没有的，而偏要胡说，这真所谓有其文，不必有其事了（这两句便是他们不注重真的供词）。所以他们诗文中所引用的禽鸟草木之名，更加可以只顾行文之便，不必核实了。新文学的写实主义，于材料上最注重精密严肃，描写一定要忠实；譬如讲佘山必须至少去过一次，必不能放无的之矢。

“名士派毫不注意文学于社会的价值，他们的作品，重个人而不重社会；所以拿消遣来做目的，假文学骂人，假文学媚人，发自己的牢骚。新文学的作品，大都是社会的；即使有抒写个人情感的作品，那一定是全人类共有的真情感的一部份，一定能和人共鸣的，决不像名士派之一味无病呻吟可比。新文学作品重在读者所受的影响，对于社会的影响，不将个人意见显出自己文才。新文学中也有主张表现个性，但和名士派的绝对不同，名士派只是些假情感或是无病呻吟，新文学是普遍的真感情，和社会同情不悖的。新文学和名士派中还有很不同的地方，新文学是积极的，名士派是消极的。新文学描写社会黑暗，用分析的方法来解决问题；诗中多抒个人情感，其效用使人读后，得社会的同情，安慰和烦闷。名士派呢，面上看来，确似达观，把人间一切事务，都看得无足重轻，其实这种达观不过是懒的结晶而已。”

所谓“描写社会黑暗，用分析的方法来解决问题”便正是写实主义者的描写的手法。沈雁冰又有一篇《大转变时期何时来呢》，对于文学的“积极性”尤加以发挥：

“所以近来论坛上对于那些吟风弄月的，‘醉罢美呀’的所谓唯美文学的攻击，是物腐虫生的自然的趋势。这种攻击的论调，并不单单是消极的；他们有他们的积极的主张：提倡激励民气的文艺。

“我自然不赞成托尔斯泰所主张的极端的‘人生的艺术’，但是我们决然反对那些全然脱离人生的而且滥调的中国式的唯美的文学作品。我们相信文学不仅是供给烦闷的人们去解闷，逃避现实的人们去陶醉；文学是有激励人心的积极性的。尤其在我们这时代，我们希望文学能够担当唤醒民众而给他们力量的重大责任，我们希望国内的文艺的青年，再不要闭了眼睛冥想他们梦中的七宝楼台，而忘记了自身实在是住在猪圈里，我们尤其决然反对青年们闭了眼睛忘记自己身上戴着镣锁，而又肆意讥笑别的努力想脱除镣锁的人们，阿Q式的‘精神上胜利’的方法是可耻的！

“巴比塞说：‘和现实人生脱离关系的悬空的文学，现在已经成为死的东西；现代的活文学一定是附着于现实人生的，以促进眼前的人生为目的了。’国内文艺的青年呀，我请你们再三的忖量巴比塞这句话！我希望从此以后就是国内文坛的大转变时期。”

沈雁冰又在《小说月报》上发表了《自然主义与中国现代小说》及《社会背景与创作》把那主张更阐发得明白。

“文学是时代的反映”，这是他们的共同的见解。“我觉得表现社会生活的文学是真文学，是于人类有关系的文学，在被迫害的国里更应该注意这社会背景”。（《社会背景与创作》）“注意社会问题，爱被损害者与被侮辱者”（《自然主义与中国现代小说》），这便是他们的宣言。

他们曾在《小说月报》上出过《俄国文学专号》及《被压迫民族文学专号》（？）。并且他们在创作上也曾多少的实现过他们的主张。

不久，北平的一部分文学研究会会员也在《晨报》上附刊一种《文学旬刊》，广州的一部分文学研究会会员也出版一种广州《文学旬刊》。叶绍钧，俞平伯，朱自清等又在上海创办《诗》杂志及《我们》。但他们的主张便没有那末鲜明了。

和文学研究会立于反对地位的是创造社。创造社在一九二〇年的五月，刊行《创造季刊》，后又刊行《创造周刊》，又在上海《中华日报》附刊《创造日》。

创造社所树立的是浪漫主义的旗帜；而其批评主张，且纯然是持着唯美派的一种见解的。成仿吾在《新文学之使命》里说道：

“所谓艺术的艺术派便是这般。他们以为文学自有它内在的意义，不能长把它打在功利主义的算盘里，它的对象不论是美的追求，或是极端的享乐，我们专诚去追从它，总不是叫我们后悔无益之事……

“艺术派的主张不必皆对，然而至少总有一部分的真理。不是对于艺术有兴趣的人，决不能理解为什么一个画家肯在酷热严寒里工作，为什么一个诗人肯废寝忘餐去冥想。我们对于艺术派不能理解，也许与一般对于艺术没有兴趣的人不能理解艺术家同是一辙。

“至少我觉得除去一切功利的打算，专求文学的全Perfection与美Beauty有值得我们终身从事的价值之可能性。而且一种美的文学，纵或它没有什么可以教我们，而它所给我们的美的快感与慰安，这些美的快感与安慰对于我们日常生活的更新的效果，我们是不能不承认的。

“而且文学也不是对于我们没有一点积极的利益的。我们的时代对于我们的智与意的作用赋税太重了。我们的生活已经到了干燥的尽处。我们渴望着有美的文学来培养我们的优美的感情，把我们的生活洗刷了。文学是我们的精神生活的粮食，我们由文学可以感到多少生的欢喜！可以感到多少生的跳跃！

“我们要追求文学的全！我们要实现文学的美！”

他是反对文学的“功利主义”的。他以为文学对于我们的“一点积极的利益的”乃是由于这种“精神生活的粮食”使我们可以“感到多少生的欢喜，可以感到多少生的跳跃”。

但浪漫主义者究竟热情的，他们也往往便是旧社会的反抗者。在郭沫若的诗集《女神》里，这种反抗的精神是充分的表现着的。他有一篇《我们的文学新运动》：

“中国的政治生涯几乎到了破产的地位。野兽般的武人之专横，没廉耻的政客之蠢动，贪婪的外来资本家之压迫，把我们中华民族的血泪排抑成黄河扬子江一样的赤流。

“我们暴露于战乱的惨祸之下，我们受着资本主义这条毒龙的巨爪的蹂弄。我们渴望着和平，我们景慕着理想，我们喘求着生命之泉。

“但是，让自然做我们的先生罢！在霜雪的严威之下新的生命酝酵，一切草木，一切飞潜蠕蝡，不久便将齐唱凯旋之歌，欢迎阳春之归至。

“更让历史做我们的先生罢！凡受着物质的苦厄之民族必见惠于精神的富裕，产生但丁的意大利，产生歌德许雷的日耳曼，在当时是决未曾膺受物质的惠恩。

“所以我们浩叹，我们懊悔，但是我们决不悲观，决不失望！我们的眼泪会成新生命之流泉，我们的痛苦会成分娩时之产痛，我们的确信是如此。

“我们现在于任何方面都要激起一种新的运动，我们于文学事业中也正是不能满足于现状，要打破从来因袭的样式而求新的生命之新的表现。”

这却是“血与泪的文学”的同群了。成仿吾在一九二四年也写了一篇《艺术之社会的意义》，已不复囿于“唯美”的主张；虽然也还是说道：“既是真的艺术，必有它的社会的价值；它至少有给我们的美感。”但紧接着便自白道：“我们自已知道我们是社会的一个分子，我们自已知道我们在热爱人类——绝不论他的善恶妍丑。我们以前是不是把人类社会忘记了，可不必说，我们以后只当更用了十二分的意识把我们的热爱表白一番”。这便是创造社后来转变为革命文学的集团的开始。

在这个时候，他们的主张和文学研究会的主张已是没有什么实质上的不同了。

五

文学研究会对复古派和鸳鸯蝴蝶派攻击得最厉害。当然也招致了他们的激烈的反攻。

复古派在南京，受了胡先骕，梅光迪们的影响，仿佛自有一个小天地；自在地在写着“金陵王气暗沉销”一类的无病呻吟的诗。胡先骕们原是最反对新文学运动的。他对胡适的《尝试集》曾有极厉害的攻击。又写了一篇《中国文学改良论》。梅光迪也写了一篇《评提倡新文化者》。他们的同道吴宓，也写着《论新文化运动》一文。他们当时都在南京的东南大学教书，仿佛是要和北京大学形成对抗的局势。林琴南们对于新文学的攻击，是纯然的出于卫道的热忱，是站在传统的立场上来说话的。但胡梅辈却站在“古典派”的立场来说话了。他们引致了好些西洋的文艺理论来做护身符。声势当然和林琴南，张厚载们有些不同。但终于“时势已非”，他们是来得太晚了一些。新文学运动已成了燎原之势，决非他们的书生的微力所能撼动其万一的了。

然而在南京的青年们竟也有一小部分是信从着他们的主张。

他们在一个刊物上，刊出一个《诗学专号》，所载的几全是旧诗。《文学旬刊》便给他们以极严正的攻击。这招致了好几个月的关于诗的论争。这场论争的结果便是扑灭了许多想做遗少的青年人们的“名士风流”的幻想。同时也更确切的建立了关于新诗的理论。

鸳鸯蝴蝶派的大本营是在上海。他们对于文学的态度，完全是抱着游戏的态度的。那时盛行着的“集锦小说”——即一人写一段，集合十余人写成一篇的小说——便是最好的一个例子。他们对于人生也便是抱着这样的游戏态度的。他们对于国家大事乃至小小的琐故，全是以冷嘲的态度出之。他们没有一点的热情，没有一点的同情心。只是迎合着当时社会的一时的下流嗜好，在喋喋的闲谈着，在装小丑，说笑话，在写着大量的黑幕小说，以及鸳鸯蝴蝶派的小说来维持他们的“花天酒地”的颓废的生活。几有不知“人间何世”的样子。恰和林琴南辈的道貌俨然是相反。有人谥之曰“文丐”，实在不是委屈了他们。

但当《小说月报》初改革的时间，他们却也感觉到自己的危机的到临，曾夺其酒色淘空了的精神，作最后的挣扎。他们在他们势力所及的一个圈子里，对《小说月报》下总攻击令。冷嘲热骂，延长到好几个月还未已。可惜这一类的文字，现在也搜集不到，不能将他们重刊于此。《文学旬刊》对于他们也曾以全力对付过。几乎大部分的文字都是针对了他们而发的。却都是以严正的理论来对付不大上流的诬蔑的话。

但过了一时，他们便也自动的收了场。《礼拜六》，《游戏杂志》一类的刊物，便也因读者们的逐渐减少而停刊了。然而在各日报的副刊上，他们的势力还相当的大。他们的精灵也还复活在所谓“海派”者的躯壳里，直到于今而未全灭。

六

在一九二五年的时候，章士钊主编的《甲寅周刊》出版了。在这个“老虎”报上，突然出现了好几篇的攻击新文化运动及新文学的文字。章士钊写了一篇《评新文化运动》，根本上否认白话文的价值。他说道：“从社会方面观之，谓之社会运动，从文化方面观之，谓之文化运动。”“要之，文化运动及社会改革之事而非标榜某种文学之事。”瞿宣颖也写了一篇《文体说》。他以为“欲求文体之活泼，乃莫善于用文言——世间难状之物，人心难写之情，类非日用语言所能足用，胥赖此柔韧繁复之言，以供喷薄。若泥于白话而反自矜活泼，是真好为捧心之妆，适以自翘其丑也。”

“甲寅派”这次的反攻，并不是突然的事，而是自有其社会的背景的。五四运动的狂潮过去之后，一般社会又陷于苦闷之中。外交上虽没有十分的失败，而军阀的内讧，官僚的误国之情状，却依然存在。局势是十分的混沌。一部分人是远远的向前走去了。抛下新文学运动的几个元勋们在北平养尊处优的住着；有几个人竟不自觉的挤到官僚堆里去。

新文学运动在这时候早已进入了第二个阶段之中，而“甲寅派”却只认识着几个元勋们，而懒扬扬的在向他们挑战。而这种反动的姿态却正是和军阀，官僚们所造成的浑沌的局势相拍合的。章士钊也便是那些官僚群中的重要的一员。

胡适写了一篇《老章又反叛了》，吴稚晖也写了一篇《友丧》也都是懒洋洋的在招架着他的。根本上不以他为心腹之患。倒是《国语周刊》的几位作者却在大喊着“打倒这只拦路虎！”

这一场辩论，表面上看来是很起劲，其实双方都是懒扬扬的，无甚精彩的见解，有许多话都是从前已经说过了的。

终于他们是联合成了同一群。在这时候，白话文言的问题，已不成其为问题了。成问题的乃是别一种更新的运动。这新运动的出现威胁着官僚军阀们乃至准官僚们，知识分子们联合成为新的一个集团。故对于白话，文言之争的事立刻也便浑然的忘怀了，不再提起了。

这可见这一场的争斗，双方都不是十分有诚意的，都只是勉强的招架着的。

真实的冲突，却是语丝社和章士钊及现代评论社的争斗。那倒是货真价实的思想上的一种争斗。不过已不是纯然的关于文学方面的问题了，故这里也便不提。

这以后，便进入另一个时期了——从文学革命到革命文学的一个时期。

五卅运动在上海的爆发，把整个中国历史涂上了另一种颜色，文学运动也便转变了另一个方面。

以另一方式来攻击，来破坏传统的文学乃至新的绅士文学的运动产生了。又恢复了五四运动初期的口号式的比较粗枝大叶的一种新文学运动的情态。新文学运动的“第一个十年”，便终止于这样的一个“革命时代”里。

七

在这“伟大的十年间”，我们看出了不很迟缓的进步的情形来。这很可乐观。在这短短的十年间，无论在诗，小说，戏曲以及散文方面都有了长足的进步。朱自清的《踪迹》是远远的超过《尝试集》里的任何最好的一首。功力的深厚，已决不是“尝试”之作，而是用了全力来写着的。——周作人的《小河》却终于不易超越！——在戏曲方面，像胡适《终身大事》那样的淡泊无味的“喜剧”也已经无人再问津了。徐志摩在北平《晨报》上发刊了《诗刊》和《剧刊》，虽没有多大的成就，却颇鼓动了一时的写作的空气。

散文和小说更显着极快的极明白的发展，尤其是小说，技巧更见精密了。《新潮》上所刊登的初期的短篇小说，幼稚的居多数，但立刻便有了极大的进步。冰心女士，落华生，叶绍钧，郁达夫，淦女士的创作都远远的向前迈进而去。也还只有鲁迅的诸作是终于还没有人追越过去过！

长篇小说在这时期颇不发达，只有王统照，张资平在试写着。杨振声的《玉君》却是旧气息过重的一部东西。

关于旧文学的整理也逐渐的有着更深刻的成绩表现出来。惟对于旧文学的重新估定价值，有时未免偏于一鳞一爪的着力。伟大的东西被遗漏了，而“沙砾”也有时不免被作为“黄金”而受着重视。到了“国学书目”的两次三番的开列出来，这“估定价值”运动便更入了一个歧途。许多“妄人们”也趁火打劫的在开列书目，在标点古书。其结果，《古文观止》和《古文辞类纂》的新式标点本，也竟煌煌然算作是“新文化”书之列之内的东西了！

然而有识者却仍具着“有理性的裁判”的。对于小说，戏曲和诗曲的新研究，曾有过相当完美的成绩。鲁迅的《中国小说史略》乃是这时期最大的收获之一，奠定了中国小说研究的基础。

但这“伟大的十年间”的一切文坛上的造就，究竟不能不归功于许多勇士们的争斗和指示，他们在荆棘丛中，开辟了一条大路，给后人舒坦的走去。虽然有的人很早的便已经沉默下去了，有的人竟还成了进步的阻力，但留在这一节历史的书页之上的却仍是很可崇敬的勇敢的苦斗的功绩。

若把这“伟大的十年间”的论争的大势察看一下，我们便知道，那运动是可以划分为两期的。第一期是新文化运动和白话文运动。一方面对于旧的文化，传统的道德，反抗，破坏，否认，打倒；一方面树立起言文合一的大旗，要求以国语文为文学的正宗。就文学上说来，这初期运动者所要求的只是“文学”的形式上的改革。虽然也曾提到过黑幕小说等等的问题，却未遑立刻和他们作殊死战。这时所全力攻击着的乃是顽固的守旧党，和所谓正统派的古文家。讨论得最热闹的只是旧戏剧的问题，他们对于旧式戏剧的种种不合理的地方，曾极不客气加以指摘。钱玄同答张厚载道：

“我所谓离奇者，即指此‘一定之脸谱’而言；脸而有谱，且又一定，实在觉得离奇得很。若云‘隐寓褒贬’，则尤为可笑。朱熹做《纲目》学孔老爹的笔削《春秋》，已为通人所讥讪：旧戏索性把这种‘阳秋笔法’画到脸上来了。这真和张家猪肆记画形于猪鬣，李家马坊烙圆印于马蹄一样的办法。哈哈！此即所谓中国旧戏之‘真精神’乎？”

他还一个更彻底的主张，主张“要建设平民的”戏剧，便非要把“中国现在的戏馆全数封闭不可”。

“吾友某君常说道，‘要中国的真戏，非把中国现在戏馆全数封闭不可。’我说这话真是不错——有人不懂，问我‘这话怎讲？’我说，一点也不难懂。譬如要建设共和政府，自然该推翻君主政府；要建设平民的通俗文学，自然该推翻贵族的艰深文学。那么，如其要中国有真戏，这真戏自然是西洋派的戏，决不是那‘脸谱’派的戏。要不把那扮不像人的人，说不像话的话全数扫除，尽情推翻，真戏怎样能推行呢？如其因为‘脸谱’派的戏，其名叫做‘戏’，西洋派的戏，其名也叫做‘戏’，所以讲求西洋派的戏的人，不可推翻‘脸谱’派的戏。那我要请问：假如有人说，君主政府叫做‘政府’，共和政府也叫做‘政府’，既然其名都叫‘政府’，则组织共和政府的人，便不该推翻君主政府。这句话通不通？”（钱玄同：《杂感》）

这样痛快的话，后来是很少人说的了。在《今之所谓评剧家》一文里，钱氏尤有明确的主张：

“中国的戏，本来算不得什么东西。我常说，这不过是《周礼》里‘方相氏’的变相罢了，与文艺美术，不但是相去正远，简直是“南辕北辙”。若以此我辈所谓‘通俗文学’，则无异‘指鹿为马’；适之前次答张傻子信中有‘君以评戏见称于时，为研究通信文学之一人；其赞成本社改良文学之主张，固意中事。’这几句话，我与适之的意见却有点反对。我们做《新青年》的文章，是给纯洁的青年看的，决不求此辈‘赞成’。此辈既欲保存‘脸谱’，保存‘对唱’‘乱打’等等‘百兽率舞’的怪相，一天到晚，什么‘老谭’‘梅郎’的说个不了。听见人家讲了一句戏剧要改良，于是断断致辩，说‘废唱而归于说白乃绝对的不可能’。什么‘脸谱分别甚精，隐寓褒贬’，此实与一班非做奴才不可的遗老要保存辫发，不拿女人当人的贱丈夫要保存小脚同是一种心理。简单说明之，即必须保存野蛮人之品物，断不肯进化为文明人而已。我记得十年前上海某旬报中有一篇文章，题目叫做《尊屁篇》，文章的内容，我是忘记了。但就这题目断章取义，实在可以概括一班‘鹦鹉派读书人’的大见识大学问。”

他是要打倒“脸谱”“对唱”“乱打”等等的怪相的。却想不到几年之后，《新青年》社中人也便有一变而成为公然拥护“梅郎”的！周作人论《中国旧戏之应废》一文，直以“中国戏”为“野蛮”的，“凡中国戏上的精华，在野蛮民族的戏中，无不全备。”但更重要的，旧戏应废的第二理由，是：

“有害于‘世道人心’。我因为不懂旧戏，举不出详细的例。但约略计算，内中有害分子，可分作下列四类。淫，杀，皇帝，鬼神（这四种，可称作儒道二派思想的结晶，用别一名称，发现在现今社会上的，就是：一，‘房中’，二，‘武力’，三，‘复辟’，四，‘灵学’）。在中国民间传布有害思想的，本有‘下等小说’及各种说书，但民间不识字不听过说书的人，却没有不曾看过戏的人，所以还要算戏的势力最大。希望真命天子，归依玉皇大帝（及《道教播绅录》上的人物），想做'好汉'，这宗民间思想，全从戏上得来；至于传布淫的思想，方面虽多，终以戏为最甚；唱说之外，加以扮演，据个人所见，已很有奇怪的实例。皇帝与鬼神的思想，中国或尚有不以为非的人；淫杀二事，当然非'精神文明最好'的中国所应有，其为'世道人心'之害，毫无可疑，当在应禁之列了。中国向来固然也曾禁止，却有什么效果呢？固为这两件——皇帝与鬼神的两件，也是如此——是根本的野蛮思想，也就是野蛮戏的根本精神：做了这种戏，自然不能缺这两件——或四件；要除这两件也只有不做那种戏。"

这些话对于当时的青年人都是极大的刺激，惊醒了他们的迷梦，使他们把眼光从"皮黄戏"和"昆剧"的舞台离开而去寻求一种新的更合理的戏曲。

后来，爱美的剧团曾有一时在大学校里纷纷成立，竞演着易卜生，王尔德，梅德林克，郭哥里诸人的戏曲。打先锋的人们是已经尽了他们的责任了。

第二个时期是新文学的建设时代，也便是文学研究会和创造社的时代。不完全是攻击旧的，而且也在建设新的。不完全是在反抗，破坏，打倒，而也在介绍创作，整理。白话文的讨论已经是成了过去的问题，在这时候所讨论的乃是更进一层的如何建设新文学，或新文学向哪里去的问题。于是便有写实主义和浪漫主义的歧向。这便是一种明显的进步的现象。已知道所走的路线是决不能笼统的用"欧化"两个字来代表一切的新的倾向的了，正像不能以“新文化运动”这个笼统的名辞来代表这时期的“文化”活动一般，新青年社和少年中国学会等团体之不能不分裂，不瓦解，也便是受这个必然律的支配的。

但新文学运动究竟还不能完全和一般的文化运动分离开去。文人们是更敏捷的感到社会的黑暗与各处的被压迫的地位的危险的。无论写实主义者和浪漫主义者对于当时的黑暗的环境和浑沌，沉闷的政局，以及无耻的官僚，专横的军阀，都是一致的抱着“深诛痛恶”的态度的。

这便开启了第二次的革命运动的门钥。当那革命运动发动的时候，曾有无数的文学青年是忠实于他们之所信，而“投笔从戎”，而“杀身成仁”的。

八

叙述着这“伟大的十年间”的文学运动，却也有不能不有些惆怅，凄楚之感！

当时在黑暗的迷雾里挣扎着，表现着充分的勇敢和坚定的斗士们，在这虽只是短短的不到二十年间，他们大多数便都已成了古旧的人物，被“挤成了三代以上的古人”了。扎硬寨，打死战的精神一点也没有了，他们只在“妥协”里讨生活，甚而至于连最低限度的最初的白话文运动的主张也都支持不住。他们反而成了进步的阻碍。无数青年们的呐喊的热忱，只是形成了他们的“高高在上”的地位，他们践踏着青年们的牺牲的躯体，一级一级的爬了上去。当他们在社会上有了稳固的地位时，便抛开了青年人而开始“反叛”。

最好的现象还算是表现着衰老的状态的人物呢！所谓“三代以上的古人”者的人物，还是最忠实的人物；也还有更不堪的“退化”的，乃至“反叛”的人物呢。他们不仅和旧的统治阶级，旧的人物妥协，且还挤入他们的群中，成为他们里面最有力的分子，公然宣传着和最初的白话文运动的主张正挑战的主张的。

只有少数人还维持斗士的风姿，没有随波逐流的被古老的旧势力所迷恋住，所牵引而去。

更可痛的是，现在离开“五四运动”时代，已经将近二十年了，离开那“伟大的十年间”的结束也将近十年了，然而白话文等等的问题也仍还成为问题而讨论着。仿佛他们从不曾读过初期的《新青年》的文章或后期的《国语周刊》的一类文字似的。许多的精力浪费在反复，申述的理由上。连初期的新文化运动的信仰似乎也还有些在动摇着——这当然和反抗白话文运动有连带的关系的——读经说的跳梁，祀孔修庙运动的活跃以及其他种种，处处都表现着有一部分的人是想走回到清末西太后的路上去，乃至要走到明初，清初的复古的路上去。假如这些活动而有“时代的价值”和需要的话，那末五四运动乃至戊戌维新，辛亥革命，诚都是“多此一举”的了！也究竟只是一场“白日梦”。一觉醒来时，还不是“花香鸟语”的一个清朗的世界！

然而话实在是浪费得多了。那许多浪费的话大部分是不必重说一遍的，只要叫他们去查查这“伟大的十年间”的许多旧案便够了的——只可惜他们是未必肯去查。

把这“伟大的十年间”的“论争”的文字，重新集合在一处，印为一集，并不是没有意义的；至少是有许多话省得我们再重说一遍！

懒得去翻检旧案的人，在这里也可以不费力的多见到些相反或相同的意见。有许多话，也竟可以使主张复古运动的人们省得重说一遍的——有许多话，过去的复古运动者们曾是说得那末透彻，那末明白过。

所以，者番重印旧文，诚不是没有意义，不是没有用处的。

我们相信，在革新运动里，没有不遇到阻力的；阻力愈大，愈足以坚定斗士的勇气，扎硬寨，打死战，不退让，不妥协，便都是斗士们的精神的表现。不要怕“反动”。“反动”却正是某一种必然情势的表现，而正足以更正确表示我们的主张的机会。

三番两次的对于白话文学的“反攻”，乃正是白话文运动里所必然要经历过的途程。这只有更鼓励了我们的勇气，多一个扎硬寨，打死战的机会，却绝对不会撼惑军心，摇动阵线的。所以像章士钊乃至最近汪懋祖辈的反攻，白话文运动者们是大可不必过分的忧虑的——但却不能轻轻的放过了这争斗的机会！有时候不愿意重说一遍的话，却也竟不能不说。

在本集里，有许多旧文搜罗得不大完全，特别是《文学旬刊》等等，一时不能全部搜集到，竟空缺了一段很重要的“论争”的经过，这是无任抱歉的事——将来或可以另行重印出来。

最后该谢谢阿英先生，本集里有许多材料都是他供给我的。没有他的帮助，这一集也许要编不成。

二十四年（1935年），十月二十一日。

（原载《中国新文学大系·文学论争集》）

世界文库发刊缘起

文学名著为人类文化的最高的成就。古语有云：“历史是一部相斫书。”但文学史在一般历史里却是最没有血腥气的。伟大的文人们对于人群的贡献，是不能以言语形容之的。他们不以掠夺侵凌的手腕，金戈铁马的暴行，来建筑他们自己的纪念碑。他们是像兄弟似的，师友似的，站在我们的前面，以热切的同情，悲悯的心怀，将他们自己的遭遇，将他们自己所见的社会和人生，乃至将他们自己的叹息、的微笑、的悲哀、的愤怒、的欢悦，告诉给我们，一点也不隐匿，一点也不做作。他们并不在说教，在教训，他们只是在倾吐他们的情怀。但其深邃的思想，婉曲动人的情绪，弘丽隽妙的谈吐，却鼓励了、慰藉了、激发了一切时代、一切地域的读者们。亚历山大帝过去了，查理曼大帝过去了，拿破仑过去了，秦皇、汉武过去了，唐太宗、明太祖过去了；他们以同类的血肉和骷髅，悲愤和眼泪，成就了所谓英雄的事业，所留下的却只是芜城荒丘，涂抹着血红似的夕阳残照，而给我们的可怕的流血的纪念耳。那些狰狞的杀人不眨眼的面貌，那些残忍暴虐的攻城略地的行动，只模糊的现在历史里，而成为人类的历史上的几场恶梦。

但文学上的英雄们和伟人们却永远的不会过去；他们将永远的像兄弟似的，师友似的出现于一切时代，一切地域的读者们的前面。我们读着他们的书，便亲切的像和他们“同年生，并肩立”，连他们的一颦一笑，一轻喟，一微愁都会为我们所熟悉。荷马、阿斯克洛士、柏拉图、莎士比亚、李白、杜甫、关汉卿诸大家，即使其生平事迹未必全为我们所知，他们的心灵和情思却是最为我们所明白的。他们的著作，终古的“光芒万丈长”，永为后人心灵上和艺术上的修养的无穷尽之汲取的泉源。

在文学名著里，我们明白：许多伟大的作家们是怎样的运用文字，这神奇的东西，写作出怎样的伟大不朽之想象的创作。这些想象的创作乃是人类生活的最真实、最活泼的记载。在那里，我们知道：人类是怎样的由原始的野蛮生活，经过了怎样的困苦的挣扎和奋斗，而达到了文明的情形。在那里，埋葬着人类在苦难和挣扎里所感发的崇高和深邃的情思，足够作为后人的教训和感受之资。在那里，有比现实的人生更真实的生活的现状；在那里，有比哲学更精深的人生的哲理。他们增大我们的同情的心胸；深邃我们对于人类的爱。他们使我们明白：人的生存是为了同类的幸福和人道的光荣的。尝有一首短诗，足够令我们终身受用的；也尝有一部小说，会使我们改造过我们的整个的人生观念的。

在文学名著里，我们读到了整个人类的最真实、最动人的历史；那许多动人的记载，都是一般所谓“相斫书”的历史所不会有的。那是不隐匿的人间的活动，那是赤裸裸的社会的诸相的暴露。历史是常被改造，被涂饰而失其真的，但文学名著却给我们以永永不会变色的人类活动的真相。——人类是怎样的由层层的自然界的束缚里脱出，怎样的由不平等的政治的和社会的组织里，努力改造自己，而终于向最大多数的自由与幸福之鹄的而前进；那些事实，在文学名著里是那样真挚感人的被记录下来。

所以世界文学名著的介绍和诵读，乃是我们这一时代的人的最大的任务（或权利）和愉快。

但在中国，我们虽常谈到“名著”，而真实的在读“名著”的人却不多。“名著”的介绍，成了今日的很迫切的需要。不仅欧美的名著的介绍，百未得其一二，就是中国本土的著作，我们要得到完善而方便的本子，也就不是容易的事。——大学文科的教员们如欲同时得到二三十册以上的杜甫、关汉卿的著作供给学生们的应用，立刻便会成了一个极困难的问题。有几部文学史常谈到的名著，往往至今也还是秘册珍本，为公私图书室所宝藏，轻易不得一读。

编者个人曾遇到过不止一次的这样的批评或质询：“那些诗句或文章，在你的文学史里为什么不载着全文呢？断片或零句，实在不能满足我们的需要，而且那些诗文却都不大容易得到的呢。”当然，编者是不能够使他们满意。因为一部文学史，无论其容量庞大到什么程度，要装载“名著”的全文于其间，却是绝对的不可能的事。然而读者们却是如何迫切的在需要着“名著”！

许多批评家们每执持着极偏窄的批评见解。是古者便非今，崇拜莎士比亚的便蔑视关汉卿。抱定了所知的数册书，便以为天下之美，尽在于此。缘所知太窄，所见遂不免于偏窄。林琴南先生译《茶花女》、《十字军劫后英雄略》、《块肉余生述》后，乃知盲左腐迁外，记事能手，复有大小仲马、史格得、迭更司诸人，且更能于左迁外别出心手，以数十万言，写十数日间事。彼终身执持着《左传》、《史》、《汉》以为古文最高之典范的，盖因不会看到史格得、迭更司、大小仲马之所作耳。故欲去其所蔽，必先广其见闻。

如果不以广大的心胸去接受先民的伟大的成就，便是自绝于阳光灿烂，花木缤纷的文学园地。

就在艺术的修养立场上来讲，浅窄的专嗜的结果，也往往容易流于模拟求肖，失去了自己的真实。我们在那广大的文学园地里，也许不免会有所偏嗜，却绝对的不宜专嗜。广博的诵读，将会给我们以更阔大的成就和见解。

我们的工作，便是有计划的介绍和整理，将以最便利的方法，呈献世界的文学名著于一般读者之前。

我们将从埃及、希伯莱、印度和中国的古代名著开始。《吠陀》、《死书》、《新旧约》、《摩诃巴拉他》、《拉马耶那》和《诗经》，一切古代的经典和史诗、民歌，都将给以同等的注意。

我们对于希腊、罗马的古典著作，尤将特别的加以重视。荷马、魏琪尔的史诗，阿斯克洛士、沙福克里士、优里辟特士的悲剧，阿里斯多芬士的喜剧，Hesiod，Sappho，Pindar，Simonides，Horace，Ovid，Catullus，Lucrettius的诗歌，Plato，Aristotle，Demostheus，Caesar，Cicero，Lucian的著作，乃至Plutarch的传记，无不想加以系统的介绍。这样，将形成一个比较像样子的古典文库。

在黑暗的中世纪里，从St.Augustine到Dante，Boccaccio，Chaucer，Villion伟大的名字也不少。各民族的史诗，像北欧的新、老二Edda[1]，德国的Nibelungen Lied，以至流行于僧侣间的故事集，（像Gesta Romanorum)行吟诗人之作品，都想择其重要的译出。

中世纪的东方，是最光明灿烂的一个大时代。从中国的诗歌、散文、小说、变文、戏曲的成就到波斯的诗，印度、阿拉伯的戏曲、小说，乃至日本的《万叶集》、《源氏物语》都是不容忽略的。印度的戏曲，像Bhavabhuti，Kalidasa，中国的杂剧，像关汉卿、王实甫之所作，都是不朽的优美之作品。如有可能，《一千零一夜》将谋全译。汉魏至唐的诗，唐宋的词，元的散曲，都将成为全集的式样。宋元话本将有最大的结集。《三国》、《水浒》、《平妖传》则将力求恢复古本之面目。

在文艺复兴以来的欧洲文学里，伟大的名字实在太多了！Cervantes，Shakespeare，Montaigne，Milton，Molière，都是必须介绍的；而Bandells，Conneillo，Racine，La Fontaine以至Perrault，Bacon，Marlowe，Aristo诸人也必当在收罗之列。

十八、十九世纪到现代的欧美，诗歌和散文的选译是比较困难的工作。但Goethe，Heine，Byron，Kests，Shelley，Baudelaire，Gautier，Verlaine，Mallarme，Whitman，C.Lamb诸人的作品是必须译出的。小说乃是这两世纪的文学的中心。从Swift，

① Edda今译“埃达”，古代冰岛两部文学名著《新埃达》《老埃达》的总称。也称作“新、老二埃达”。

Defoe，Fielding，到Scott，Austen，Dickens，Thackaray，Eliot，Stevenson，Mrs.Stowe，Allan Poe，Hugo，Balzac，Dumas，Stendhal，George Sand，Flaubert，Zola，Maupassant，Gogol，Turgenev，Dostoevsky，Tolstoi，Tchekhov，Gorky，Mark Twain，O.Henry，Barbusse，Romain Rolland诸人都将有其代表作在这文库里。

近代戏曲的发展也是很有可惊的；从Schiller，Beaumorchais，以下像Ibsen，Bjornson，Brieux，Hauptmann，Suderman，Oscar Wilde，Synge，Galsworthy，Maeterlinck，Tchekhov都是要介绍的，至少得包括三十个以上的伟大的名字。

近代的东方是一个堕落的时期。但中国仍显出很进步的情形。《金瓶梅》和《红楼梦》是最可骄傲的两部大著作。戏曲作家们尤多到难以全数收入。但尽有许多伟大的东西还在等待着我们去掘发。诗歌和散文是比较得落后。但我们将不受流行观念的影响，而努力于表扬真实的名著。

这样浩瀚的工程，决不是一二年或三五人之时、力所能成就的。我们竭诚的欢迎学人们的合作。我们希望能够在五六年之间，将这工作的“第一集”告一个结束。

为了发刊者和读者们的便利，我们采用了定期刊物的式样，规定每月发刊一册。除了极少数的例外，长篇的著作将不使连载到一年以上。这样，每一年便也可以有一个小小的结束。

我们站在这弘伟的工作计划的高塔之下，很觉得有点栗栗危惧。但我们有着热烈而清白的心；我们盼望能够因此而引起学人们的注意与合作。虽然这工作显得是很勇敢。但我们相信，我们的态度是慎重的。杜甫云“不薄今人爱古人”。Colerigde说：“今日真正的大学教育便是书籍。”发刊之旨，便在于此。幸读者有以教之！

（1935年5月上海生活书店《世界文库》）

文学的定义

文学的定义，向来是极复杂而且歧异百出的。许多批评文学家与诗人与小说家都下了他们自己所臆想的定义。他们当中，有许多自然是很可以参考一下。但在此小小的篇幅中，列举了许多定义，似乎是办不到的事。并且这种事，也是极容易的，不必参考许多文学书，我要把《英国百科全书》里论文学的一条看一下，就有许多定义可以得到了。这种工作，已经有人——如罗家伦——做过，我更可以不必重做。所以现在只简简单单的把文学的性质说一说。知道了文学的性质，文学的定义自然就可以很容易的归纳而出了。

文学与科学是极不相同的。文学本是艺术的一种。但他与别种的艺术，又是不同。

文学与科学所以不同之故，在于：（一）文学是诉诸情绪，科学是诉诸智慧。智慧虽亦有永久不变的，但却没有永久不进步，不增损的。且其大部分都是变动得很厉害的。自达尔文的进化论出，一切科学的基础都变更。自原子量的发现，化学上的一切根本观念，也都变更了。近则因镭之发现，电子的发现，一切物质组织的原理，又要全部改造了。所以诉诸智慧的科学是时时变更的。他们里边所包含的真理，在表现上看来，虽是永久，却实在是非常的不稳固；是随时的跟着人类智力的进化而变动，而前进的。因此，不惟荷马时代的科学，至今不足一顾，即阿利史多芬，但丁，米而顿，莎士比亚各时代的科学，至今也陈之又陈了。至于诉诸情绪的文学则不然，不惟但丁，米尔顿不是陈旧，就是荷马、阿利史多芬也不是陈旧。他们所包含的东西，虽然也许是有狠重大的事实与狠精微的思想，然而大部分却都是叙些美人呀，香草呀，恋爱呀，离合之情呀，等等的无关紧要的事。它们所以万古常新，不因时变迁的原故，就是因为它们是诉诸情绪的。原来人们的情绪，与智慧不同。人们的智慧随时演进，而情绪则不然。我们虽不能说其绝无演进之迹，然而其演进之程度较之智慧相差不可以道理计。希腊人之智慧，较今人相差自远，然其情绪则仍新、仍足以感人。《伊利亚赛》[①]史诗之感希腊人，与感现代的人是一样的有效力的。非洲的土人，看他们非常野蛮卑下，然而其愤怒，其爱恋，其妒忌，其喜而跳舞，哀而哭泣，则与欧美的人及我们是毫无差异的。文齐斯德（Winchester)[②]说："个人的情绪，虽然是暂时的，而人们全体的情绪的性质，则是相通的各个情绪的连续波动，虽生灭于瞬间，而情绪之大海，则历千古还是不盈不亏的。"这几句话很可以说出情绪的性质。文学可以有永久的价值与兴趣，就是因为人们情绪的固定不变之故呀！（二）文学的价值与兴趣，含在本身，科学的价值则

① 希腊荷马著名史诗，现通译作《伊利亚特》。

② 英国作家、生平不详，所著《文学评论之原理》二十年代商务印书馆有中译本《景昌极、钱堃新译》。

存于书中所含的真理，而不在书本的本身。文学是一种艺术，这是大家都知道的。因此，文学的价值与兴趣，不惟在其思想之高超与情感之深微，而且也在于其表现思想与情绪的文字的美丽与精切。科学的书不然。他的价值，本来就在真理，文字不过仅仅用来发表出他里面所含的真理。所以人家一知道了它里头所含的真理，就可以把书本不要了。或是不要这个书本，就看别的含有同样的真理的书本，也可以同样的得到很完备的结果。试举例来说一下。牛顿发明了万有引力的学说。这个学说在现在已成真理。学物理学的人，不一定要看牛顿所著的原书，方可以知道这个学说；这个学说已融入无论那一本的物理学书中，只要看一本的物理学就可以明白了。因为他所重的固在万有引力的学说，而不在牛顿所著的原书。至于要研究麦高莱，托尔斯泰，易卜生，安得列夫诸人的作品，则决不能仅研究其思想与情绪。他们的思想与情绪与文字是连结在一起的；是不能移思想与情绪于它处，而弃其文字于不顾的。如果只顾到麦高莱，与托尔斯泰的思想与情绪，而不顾到他们的文字，——原书的文字——那么，所研究的就不是麦高莱与托尔斯泰的作品了，虽然它们也可以由一国的文字里，移植到别一种的文字里，然而所移植的却不仅是思想与情绪，并且也是原书的字句。因此，读文学书，却不能不读作者的原书。

文学与科学不同之处，就在于这二点。我们由此可知文学是必须带有情绪的元素在内。无论是那一种的文学，无不带有情绪的元素在内。没有这个元素，他就不是文学了。阿诺尔德的批评文集是文学，其余的就不能算文学，就是因为他含有情绪的元素在内，而别的人不含有的原故。麦高莱之历史算为文学，其余的人所著的历史就不算是文学，也就是因为这个原故。由此也可知文学书的自身，也必须有久的价值。如果文字的艺术不好的，这种书也不能算是文学。因为文学的自身就是艺术，没有艺术的东西，自然不配称做文学了。

文学与别的艺术不同的地方，却又有几点：（一）文学是想象的。因此，他与图画、雕刻等艺术不同。许多人都以为文学不是“讨论”乃是“表现”，这句话是极对的。但须注意，所谓“表现”并不是“描写”的“表现”，乃是想像的“表现”。“描写”的“表现”，是图画、雕刻的事，却不是文学的事。图画雕刻，因为他们的特性的关系，能够把所要表现的东西，很精细的，切合的描写出来，或把他描写在平面上——如图画——或把它描摹在立体上——如雕刻。人家一看，就好比看见真的东西一样。文学却不然。他所用的表现的媒介物，不是石膏，不是刀凿，也不是颜料，乃是文字。文字无论用得如何精巧，总须经过作者的脑中，由他用他的想像把他们组合起来，以表现出他所要表现的东西；并不是直接描写原物。因此，文学作品里所表现的东西，不是描写的，乃是想像的，乃是经过作者的精神的洗礼的。因此，文学作品里所表现的东西——人的行动与景物——比雕刻，图画等似乎更足以动人，更表现得有精神并且生动。他们所表现的美，是精神的美，不是物质的美，所表现的行动，也是理想化的行动，不是实际的摹拟的行动。

（二）文学是表现人们的思想与情绪的，不仅是只表现情绪的。因此，他与音乐又不同。音乐是完全的人们情绪的表现。

他与一切理智，都不相联接。他用的声调的抑扬，高低，把人们的心绪曲曲描出。人们的哭呀，笑呀，喜呀，怒呀，恨呀，恐怖呀，痛苦呀，凡一切的强烈的情绪的控诉，无一不可由那时而飘忽轻妙，时而乌乌若泣，时而抗声壮烈的乐器中表现出来。文学则不然，他无论如何，总不能为纯粹的情绪的表现；无论如何，他总须带多少的理性的元素在内。就是那称为“纯文学”的诗歌也不能完全脱离了理性的束缚。人间的道德的要求，总时时的在他里头渲染着。如写实派与象征派的作家，且多专以美丽的文字来表现自己的最高的思想的。

总以上的话看来，文学的性质如何，大概是可以知道了。虽然我讲得非常的简单——在这样短的篇幅里是决不能讲得详细的——且有许多话必须更加以更详细的引证或讨论的，然而大要已完全包含在此处了。

由此我们可以归纳出一个文学的定义来就是：文学是人们的情绪与最高思想联合的“想像”的“表现”，而他的本身又是具有永久的艺术的价值与兴趣的。

这个定义，我自己觉得颇简明而包括。大概决不会有什么不明了或引起人误会的地方。

近来作这个同样的题目的人，颇有几个，讲得大致也还不差。我本想可以躲懒不做这篇东西，但是看着现在许多人对于文学的不明了或误会的情形，竟使我欲藏拙而不可得。有一位自命为研究文学的施先生以为文学就是科学，又以为文学是“研究”什么东西的。真是完全不明白文学是一个什么东西，还有一个著《什么是文学？》的罗先生，也昏乱了头脑在《近代中国文学思想的变迁》里，把“严中外之防”的皇皇奏疏，加上“华夷文学”的名目，把梁启超的鸣呼式的论文，加上“策士文学”的头衔，把章士钊的政论、严又陵的翻译，加上“逻辑文学”的称谓。“文学”二字怎可以随便滥用呀！明明是“中国近代思想的变迁”何必硬要插上“文学”二字在上面呢？这种的不明了和误会，我希望以后能够少了一些才好。

（原载1921年5月10日《文学旬刊》第1期）

文学的使命

文学的使命是非常伟大而且光荣的。在人类未有系统的知识以前，文学就在他们当中占有极雄厚的势力了。初民所具有的知识，在现在已泯灭无遗；但是他们的抒情诗，的传说，的史诗，却还传诵不衰。在劳动社会中，他们多半是没有受过教育的。同他们讲哲学，讲科学，他们都觉得淡泊无味，格格不相入。如果讲述文学作品给他们听，他们就要手舞足蹈，嬉笑流涕，而不自禁了。总之：无论如何不开化的民族，如何没有常识的人们，只有不受乃至摈斥，反对别的自然科学，社会科学的光明的，却从来没有对于文学不受感化的。文学成了他们精神上的唯一慰藉者。他们对于文学的兴趣真是高极了。且不惟成人如此，儿童更是厉害。中国儿童看《西游记》，《封神传》的热心比课本不知高得多少倍呢！

文学的效力——影响——是如何的伟大呀！因其影响之大，斯其所负的使命重要而且光荣。

在近代社会制度底下，文学的使命似乎被大家都认错了，有的人把文学的工作划在工业的水平线上。他们当文学是一种职业，想以笔代农具或机械。终日伏案疾书，求其作品能迎合社会的心理，以换得面包与牛油。如此，简直把文学视为一种纯粹的实际的，经济的艺术了。有的人又把文学当作著作家求名的工具。散文与诗歌与戏剧不过是一种媒介物，能实现他们的在世界上的名望的。他们著作，著作，为自己的名誉而著作。无论他们成功的迟早，或竟不得成功，这种思想却是他们从事文学的最大的动机。这不过是自私心的表现罢了，对于文学的伟大使命的所在，他们实没有梦见。有的人——最大多数的人——又以为文学的目的是在给快乐于读者，使读者得有美感的。这句话也许有一点对。但也未免太把文学的使命看轻了。文学的作用固不仅在给快乐、给美感呀！就是诗，一般人所谓为纯粹的美文的，这种标的也不过是她的副动力。至于大部分的散文，则更不多有以此为动机的了。又有人说，文学的目的就在于自己表白。作者内心的思想与情绪，常常突突的要求表现。文学就是他们所表现于外之内心的思想与情绪。他们不知道什么金钱，什么名誉，什么读者的快乐，他们只要把自己所想的，所感的写出来而已。如此，文学就成了一种人们的内心的自传了。这虽比文学的商品观，消遣观好些、高尚些，然而终带着自私的色彩，把文学太为个人化了。

文学的使命——伟大的，光荣的使命——却全不在此。亨德（Hunt)在他的《文学的原理与问题》上说：文学的真使命有四：（一）伟大的思想或原理的承认，含孕、并解释。（二）时代精神的正确解释。（三）人性对于他自己与对于世界的解释。（四）高尚理想的表现。据他的意思；第一层是说作者应该把他的独创的思想表现在文学里，此不惟他自己得有发言的机会，并且也对于人间的真理增加了些数量。无论那一种文学作品，只要他不是十分坏的，总包孕有作者自己的思想在里面。第二层是说，文学是解释时代的精神的，但在衰微的时期，作家于时代精神以外，同时须具有改造时代精神的思想。不仅是无误的表现与解释他而已。第三层是说，文学的要务在于表现内部的个人的生活。在这个地方，文学就是心理学；他发现人心的好与坏的想念，乐与忧，强与弱，光荣与羞耻的情感。第四层是说，在现在商业的实利的时代中，人们所缺乏的乃是精神上的高尚的理想。文学应该把这种超逸的理想灌输给大家，使他们不致沉沦于实利主义而忘返。

亨德的话，我很赞成。文学的伟大的使命大概可以包括于他所举的四层。不过他未免有些太偏重于理性方面了。他看思想太重，而于情绪却一个字也没有提起。我以为文学中最重要的元素是情绪，不是思想。文学所以能感动人，能使人歌哭忘形，心入其中，而受其溶化的，完全是情绪的感化力。文齐斯德（Winchester)以为文学的职务，在轻而易读，而不使人费思索之力；而纯以作者的情感来引起读者的情绪。我极以为然。

把亨德所举的四层，可以改之如下：（一）个人的思想与情绪的表现。（二）对于时代的环境的情感的流露。（三）人性的解释。（四）飘逸的情绪，与高尚的理想的表现。总括一句话，文学的真使命就是：表现个人对于环境的情绪感觉。欲以作者的欢愉与忧闷，引起读者同样的感觉。或以高尚飘逸的情绪与理想，来慰藉或提高读者的干枯无泽的精神与卑鄙实利的心境。

更简括的说一句话，他的使命就是：扩大或深邃人们的同情与慰藉，并提高人们的精神。

现在的世界是如何残酷卑鄙的世界呀！同情心压伏在残忍冷酷的国旗与阶级制度底下，竟至不能转侧。而人们的高洁的精神，廓大的心境也被卑鄙的实利主义，生活问题泯灭消减而至于无有。救现代人们的堕落，惟有文学能之。

文学的使命是如何的重大呀！光荣神圣的文学家，你们应该如何的担负这个重大的使命呢？文学是决不仅给肤浅的快乐于读者的，决不仅发表个人的心境的。以金钱以名誉为目的而投世人之所好，给肤浅的快乐于读者的人，不惟污辱这个伟大光荣的文学的使命，而且也污辱他们自己的人格。

（原载1921年6月20日《文学旬刊》第5期）

整理古书的建议

有许多重要的古书，我们还没有动手去整理。这是一个很大的空白点。鼎有三只足；学术研究和创造、发明，也有三只足。一只足是现代科学，一只足是民族文化遗产，一只足是外国的古代文化遗产。缺少了任何一只足，那座鼎就会站立不住。学术研究、创作或发明是要在古今中外的知识、学术的累积的基础之上发展起来的。故唯物论者们也必须知道唯心论的来龙去脉方行。国外的著作，靠翻译；民族文化遗产，靠整理。我们提倡民族文化遗产已有好几年了。但对于最重要的古代文化的宝库，像《十三经》、《二十四史》之类，曾经加以整理了没有呢？要知道能读“古书”的人越来越少了。读不断句的人，在专家们里面也不见得没有。整理古书，便是一件对专家们做的功德无量的事。我们不能设想，像现在那样地停留在“原始状态”的古书，对于现代的科学家们会有什么帮助。医师们埋怨说：《素问》、《内经》难读。的确，那埋怨是对的。我以为，今天整理“古书”，必须分三个阶段进行。第一，选择最好的，即最正确、最可靠的本子，加以标点（或句读），并分别章节，加以必要的校勘，附以索引。这工作不太简单，必须专家来做。虽是“章句之儒”的事业，却非大师们亲自出马不可。像《十三经》，阮元刻本，本来可用。但新出现的“石经”、单疏、古写本、古刻本等等，可资以校勘的，还有不少。如果把《十三经》再加以一番整理，一定会后来居上的。至于《二十四史》，则更需要一番整理工夫，且必须立即进行。乾隆版的经过整理的《二十四史》，问题很大（同文本、竹简斋本等，均系影印这个本子），张元济先生在《百衲本二十四史》的校勘记里已发其复。《百衲本二十四史》则卷帙浩大，仅照原本影印，未经加工整理。读史是一件要事，特别是中国的《二十四史》，它们乃是各时代的“百科全书”，不仅是政治史。凡搞一切学问的人，都不能不问津于这部大书。故整理尤有必要，且须加速。否则，会阻碍了我国学术的突飞猛进的前进速度的。《二十四史》的分别章节，尤为必要。像《史记》里的《司马相如传》，除开了几篇“赋”之外，记事的文字没有千几百字。如果把“赋”（以及许多“论”和“奏议”等等）低一格排印出来，则顿时眉目清爽，读之省力多多。第二，把那些重要的古书，凡是有“注”的，或别的书里注释或说明它的一篇一章、一节一语的，或批评到它的某一篇、某一句的文章，全部搜集在一起，作为“集注”，像王先谦著的《汉书补注》、《后汉书集解》或丁福保著的《说文解字诂林》那样。这是完全必要的。古学专家们是擅长于此道的，而且，有好些人已经在做。第三，然后进一步才可以谈到“新注”，即新的解释和研究。这也是十分必要的，但不是一步即可办到，需要很长的过程。在这三个整理阶段，均可以由若干位专家，各自负责一部“书”，分别先后缓急，依次进行。还可以仿照宋朝司马光撰

《资治通鉴》的办法，“以书局自随”。不必要把专家都集中在一地，只要供给他们以必要的助手、比较完备的图书和不太大的费用即可。他们也可以随时到各地去阅书、访书。不必责以完成的期限。第一阶段工作是最需要的，完成之后，便可以进入第二、三阶段的工作了。这是“千秋”的事业。中华人民共和国出版的这三种版本的古代经典著作，将是历史上最正确、最可靠、最有用的版本——不一定是最后的一个定本，却可信其为空前的一个定本。

（原载1957年《政协会刊》第3期）